L'INDUSTRIE

DES

CHEMINS DE FER

PARIS. — IMPRIMERIE DE H. FOURNIER ET C[IE],
RUE DE SEINE, N° 14 BIS.

L'INDUSTRIE

DES

CHEMINS DE FER

OU

DESSINS ET DESCRIPTIONS

DES PRINCIPALES MACHINES LOCOMOTIVES, DES FOURGONS D'APPROVISIONNEMENT (TENDERS),
WAGONS DE TRANSPORTS ET DE TERRASSEMENTS, VOITURES, DILIGENCES,
RAILS, SUPPORTS, PLATES-FORMES MOBILES, AIGUILLES, MACHINES ACCESSOIRES, ETC.
EN USAGE SUR LES ROUTES EN FER DE FRANCE, D'ANGLETERRE,
D'ALLEMAGNE, DE BELGIQUE, ETC., ETC.

PUBLIÉS SOUS LES AUSPICES

De M. le Ministre du Commerce et des Travaux publics

PAR MM. ARMENGAUD AINÉ,

INGÉNIEUR, PROFESSEUR AU CONSERVATOIRE ROYAL DES ARTS ET MÉTIERS,

ET CH^{les} ARMENGAUD,

DESSINATEUR ET PROFESSEUR DE MACHINES.

PARIS

LIBRAIRIE SCIENTIFIQUE ET INDUSTRIELLE

de L. MATHIAS (Augustin), quai Malaquais, 15

1839

La construction des chemins de fer qui intéressent au plus haut degré toutes les branches d'industrie et de commerce, est sur le point de prendre le plus grand développement en France. A une époque où toutes les fortunes viennent se réunir aux talents pour se porter vers le même but, vers l'*industrie*, et en faire croître les progrès, il n'est pas surprenant de voir se former et mettre à exécution tant de projets de routes en fer, non seulement dans les diverses parties de la France, mais encore sur tous les points du continent. C'est que les chemins de fer sont les voies les plus promptes, les plus sûres pour avancer les progrès de l'industrie; ils facilitent d'une manière prodigieuse le transport des produits de toute espèce, en même temps qu'ils rapprochent les distances, en rendant les communications beaucoup plus rapides. Ils ne sont pas seulement d'un immense avantage pour toutes les branches industrielles et commerciales, après qu'ils sont établis et mis en activité, mais encore ils rendent les plus grands services avant et pendant leur construction. Que d'usines en effet, que d'établissements industriels doivent ou devront leur prospérité, leur existence même, à l'application des chemins de fer.

C'est en voyant cette foule de projets de routes en fer (rail-routes), dont plusieurs sont déjà mis à exécution, que nous avons cru qu'il serait d'un grand intérêt pour les industriels en général de leur faire connaître avec détails les machines employées sur ces routes, soit pour leur construction, soit pour le transport. Non seulement ces machines intéressent au plus haut degré les ingénieurs chargés d'étudier tous les projets de chemin et de les faire mettre à exécution, comme les mécaniciens, les constructeurs qui veulent en confectionner, mais encore elles doivent intéresser les chefs d'atelier, les directeurs et inspecteurs de travaux, les conducteurs et monteurs de machines qui doivent nécessairement avoir une connaissance exacte de tout le mécanisme dont elles se composent.

Encouragés par M. le ministre du commerce et des travaux publics, qui a bien voulu souscrire par avance à cet ouvrage, et par les personnes les plus recommandables qui ont pris connaissance de nos dessins origi-

1

naux, nous n'avons pas craint d'entreprendre une telle publication. Nous osons espérer qu'elle sera accueillie avec intérêt par les industriels qui se dirigent vers cette branche si importante de l'industrie française, et nous serons flattés de voir que nous en avons été jugés dignes par nos efforts à bien rendre, d'une part, les dessins avec toute la précision, toute l'exactitude qu'ils demandent, et à donner, d'un autre côté, les documents, les descriptions détaillées, avec toute la clarté, toute la concision nécessaire à leur intelligence.

Nous nous proposons de publier successivement les divers systèmes de machines locomotives introduites en France, en faisant principalement ressortir, quand il y aura lieu, les perfectionnements ou les modifications qui y auront été apportés. Nous ne manquerons pas de faire remarquer les parties qui diffèrent les unes des autres, soit dans leurs détails, soit dans leur ensemble. Nous donnerons aussi les dessins des *Tenders* ou fourgons d'approvisionnements, des wagons de transport et de terrassement, pour montrer leur disposition, leur assemblage. Nous ferons également voir les différentes formes de rails, actuellement employés, les supports qui les reçoivent, les embranchements de chemins, les aiguilles pour les changements de voie, les plates-formes mobiles avec leur mécanisme intérieur, etc. Nous pourrons donner encore quelques machines accessoires employées, soit pour la confection des rails, soit pour leurs essais, soit enfin pour opérer les déblais et les remblais. Nous n'avons pas eu la prétention de faire sur l'industrie des chemins de fer un ouvrage complet; nous avons eu particulièrement pour but de répandre les machines principales dont on fait usage dans cette industrie, et pour cela nous avons cherché à apporter dans nos dessins la plus grande exactitude, afin de les rendre propres, non seulement à donner une connaissance précise des machines qu'ils représentent, mais encore à servir pour la construction. Nous n'avons donc pas suivi un ordre régulier pour le classement des machines; nous les étudierons chacune en particulier, pour en connaître l'objet, la disposition et le travail, en les regardant toutes comme indépendantes les unes des autres.

Les vues d'ensemble de chaque machine sont dessinées à une échelle de 1/10 ou d'un décimètre pour mètre, et les détails à une échelle double ou de deux décimètres pour mètre, de plus toutes les parties principales seront exactement cotées en mesures métriques.

L'INDUSTRIE

DES

CHEMINS DE FER.

LA JACKSON.

Machine locomotive à quatre roues construite par MM. Fenton, Murray et Jackson, à Leeds (en Angleterre), et introduite en France par la Compagnie du chemin de fer de Paris à Saint-Germain-en-Laye.

Il y a vingt ans à peine, la construction des machines locomotives était encore dans l'enfance; plusieurs habiles constructeurs firent, en Angleterre, des essais de tout genre, avant d'arriver aux résultats obtenus en 1829, époque du mémorable concours qui s'ouvrit sur le chemin de Liverpool à Manchester, et qui valut au premier concurrent, M. R. Stephenson, une si honorable et si juste réputation. Depuis cette époque ces machines ont acquis un degré de perfection vraiment remarquable, et actuellement un grand nombre de mécaniciens anglais les construisent avec une précision telle qu'on pourrait sans crainte les comparer aux meilleures machines à vapeur fixes.

L'application des chemins de fer en France est encore nouvelle, car à l'exception des deux chemins de Saint-Étienne à Lyon et à Roanne, et de quelques autres établis depuis peu d'années, nous ne faisons, on peut le dire, que commencer cette industrie qui a tant d'influence sur le commerce en général. Il n'est donc pas étonnant de voir que jusqu'ici les mécaniciens français ne se soient point occupés de la construction des machines locomotives. Cependant cette industrie est sur le point de prendre chez nous le plus grand développement; elle devient donc intéressante pour les constructeurs, pour un grand nombre d'industriels, en même temps qu'elle sera profitable à tout le monde. Aussi voyons-nous déjà plusieurs mécaniciens s'occuper avec activité de la confection des locomotives et des autres appareils qui ont rapport aux rails-routes. Cette fabrication sera, dans peu d'années, répandue en France, comme la fabrication d'un grand nombre d'autres machines que l'on sait très bien exécuter. Chaque constructeur cherchera à les confectionner, en y apportant, soit une idée nouvelle, soit des modifications plus ou moins importantes qui auront toujours pour but l'amélioration ou la simplification des machines. Quoiqu'elles soient déjà arrivées à un degré de perfection auquel on était loin de penser même en Angleterre, il n'y a pas dix ans, nous avons tout lieu d'espérer qu'avant le même espace de temps, nous obtiendrons des résultats plus satisfaisants encore, que nous devrons entièrement à l'esprit inventif des industriels français. Ils auront alors le mérite de bien faire et surtout de faire avec économie. Or, dire qu'on arrivera à faire ces machines économiquement en France, où nous avons les matières premières à un prix très élevé, beaucoup plus élevé que dans plusieurs pays du continent, c'est reconnaître la capacité, les moyens d'exécution de nos ingénieurs ; de nos mécaniciens à qui souvent, pour la plupart, il suffit qu'une machine soit demandée pour qu'ils l'étudient, y portent tous leurs soins, et ils n'en ont pas confectionné trois ou quatre semblables que les suivantes arrivent à un haut degré de perfection, par les modifications continuelles qu'ils auront apportées à chacune des premières.

Ainsi, nous le répétons, les machines locomotives deviendront aussi populaires, aussi répandues chez nous que chez nos voisins d'outre-mer; c'est une fabrication trop grande et trop importante pour qu'elle ne soit pas, sous peu, étudiée et mise à exécution par la plupart des constructeurs français. Un pas immense est fait pour eux maintenant, car ils ont pour modèles des machines très bien construites, fonctionnant parfaitement et dont on est complètement satisfait; ils peuvent donc marcher avec assurance, former des ateliers et fabriquer beaucoup, parce qu'ils sont persuadés par avance du placement de toutes les machines qu'ils pourront exécuter. Pour nous, nous nous trouverons bien satisfaits, si par la publication de ces machines et de celles qui les accompagnent, nous avons pu contribuer à en rendre l'étude et la confection plus simples et plus faciles. Nous nous ferons un devoir de suivre les progrès que l'on fera dans cette fabrication, soit en France, soit en Angleterre, et nous nous empresserons de les faire connaître à nos lecteurs.

Nous commençons par donner des dessins de *la Jackson*, qui est une des premières machines importées d'Angleterre pour le service du chemin de fer de Paris à Saint-Germain, et qui en même temps présente le plus d'analogie, comme machine à quatre roues, avec les bonnes locomotives employées sur le chemin de Liverpool à Manchester. Nous allons chercher d'abord à donner un aperçu général sur la disposition de cette belle machine; nous essaierons ensuite d'en décrire toutes les parties séparément pour en faire connaître l'objet et pour en étudier le jeu, et après avoir donné les dimensions de toutes les pièces principales, nous calculerons les effets théoriques de la machine; nous comparerons ces effets théoriques aux effets produits, en citant à l'appui les résultats des expériences nombreuses qui ont été faites en 1834, par M. Guyonneau de Pambour, sur le chemin de Liverpool (1).

§ Ier.

Coup d'œil général sur la disposition de la machine.

Cette machine, comme en général toutes les machines locomotives que l'on construit actuellement, est à deux cylindres, c'est-à-dire que la

---

(1) M. Guyonneau de Pambour a publié, en 1835, un ouvrage très intéressant, ayant pour titre : *Traité théorique et pratique des machines locomotives*. Les études et les expériences curieuses qu'il a faites avec le plus grand soin, sur les machines mêmes employées au chemin de fer de Liverpool à Manchester, sont du plus haut intérêt pour l'homme de science comme pour l'homme de pratique.

vapeur produite dans la chaudière vient agir simultanément sur deux pistons disposés de telle sorte que, lorsque l'un se trouve au milieu de sa course dans le cylindre où il joue, le second est au contraire à l'une ou à l'autre extrémité. Les tiges de ces pistons sont liées chacune par une bielle à un arbre coudé en manivelles, lequel reçoit ainsi leur action successive et communique aux deux grandes roues qu'il porte un mouvement de rotation plus ou moins rapide; il en résulte que la machine exécute sa marche progressive de la même manière qu'une voiture ordinaire que l'on ferait avancer en s'appliquant aux bras des roues qui la portent.

Cette disposition de deux pistons dans une locomotive est extrêmement importante; elle rend sa marche plus régulière, en faisant passer les positions extrêmes ou les *points morts* de la machine. Il est facile de voir en effet que lorsque l'entrée de vapeur est interrompue dans l'un des cylindres, ce qui a lieu au moment où son piston est à l'extrémité de sa course, et où par suite sa tige, la bielle et la manivelle se trouvent toutes sur une même ligne droite, la vapeur dans le second cylindre peut opérer toute son action, parce que l'orifice d'introduction est entièrement ouvert. Ainsi ce sont réellement deux moteurs disposés sur un même bâtis et dont la puissance se partage sur un seul arbre qui transmet à la fois leur action à deux roues de voiture, afin d'obtenir un mouvement de translation qui sera d'autant plus rapide que la vitesse des pistons eux-mêmes sera plus grande.

Par une disposition d'excentriques placés sur l'arbre coudé, la distribution de vapeur s'opère dans chacun des cylindres, au moyen de boîtes à tiroirs mobiles, comme dans une machine fixe ordinaire. Les tiroirs pour chaque cylindre sont doubles; ils reçoivent l'action simultanée des excentriques qui leur donnent un mouvement de va et vient, par une combinaison de bielles et de leviers, qu'il sera facile d'étudier sur les dessins. Mais ce qui sera surtout remarquable dans le jeu de ces pièces mobiles, c'est la facilité avec laquelle le conducteur de la machine peut à son gré varier le sens de la distribution et par suite le sens du mouvement de la locomotive. Il lui suffit d'appuyer à un certain degré sur une pédale, pour faire embrayer les excentriques, soit à gauche, soit à droite, afin de déterminer la marche de la machine en avant ou en arrière, ou même débrayer ces excentriques entièrement, quand le mouvement doit être complètement interrompu. Cette combinaison est d'un avantage immense pour la manœuvre de la machine, car, que l'on suppose, par exemple, qu'elle est poussée en avant, avec une très grande vitesse, et que tout d'un coup il faille l'arrêter, parce qu'un obstacle quelconque se présente devant elle, le conducteur s'empresse de mettre le pied sur la pédale, d'appuyer assez fortement pour faire passer immédiatement les excentriques de la position de gauche qu'ils occupent à la position de droite ; alors le changement de distribution s'effectue aussitôt, et la pression se faisant en sens contraire, le mouvement rétrograde de la machine a lieu. En étudiant chacune des parties détachées qui composent cette belle machine, il nous sera facile de comprendre ces effets et de reconnaître combien une telle disposition peut être avantageuse.

Dans les cas ordinaires l'adhésion des deux grandes roues sur les rails est suffisante pour déterminer la marche de la machine entière, quand l'axe qui les porte est en mouvement. Mais il est indispensable qu'elles aient chacune un rebord saillant du côté intérieur du chemin, afin qu'elles ne puissent s'écarter de la direction rectiligne des rails, et même quand ceux-ci suivent une ligne courbe. Les deux autres roues, d'un diamètre plus petit que les deux roues motrices, et à rebords saillants intérieurement comme elles, tournent librement avec leur axe sur lequel elles sont montées; elles ne sont pas liées aux premières par des bielles de jonction comme dans certaines locomotives ; elles ne servent qu'à supporter une partie de la charge de la machine. Le diamètre de ces petites roues a été combiné de manière à pouvoir placer les cylindres horizontalement; ainsi l'axe de ces derniers se trouve dans un même plan horizontal avec les tiges de pistons et l'arbre moteur. Quand on fait les quatre roues égales de diamètre et qu'on les lie extérieurement entre elles par des bielles métalliques, on conçoit que l'on augmente très sensiblement leur force d'adhérence sur les rails, parce que le mouvement se transmettant des deux premières roues aux deux autres, la machine marche alors comme si elle adhérait aux chemins par ses quatre roues. Du reste comme la puissance nécessaire pour tirer une charge sur un rail en fer est très faible comparativement à cette charge, l'adhérence des deux roues motrices suffit dans le plus grand nombre de cas; aussi la machine s'avance, sans glisser, entraînant avec elle tout le convoi qui doit la suivre.

Un fort châssis rectangulaire en bois, tout garni extérieurement de plaques de tôle forte, est destiné à porter la chaudière, et par suite les cylindres et le foyer qui y sont adaptés. Au-dessous de ce châssis sont ajustés des coussinets qui embrassent les collets ou tourillons des axes des quatre roues, et des ressorts disposés pour presser sur ces coussinets maintiennent tout le système en suspension.

Le foyer et la chaudière ne peuvent pas être disposés comme pour une machine à vapeur ordinaire; dans une locomotive, il est essentiel de chercher à occuper le moins de volume possible, et de s'arranger pour que la charge soit la plus faible possible, tout en obtenant le plus de surface de chauffe et le plus de capacité pour la chaleur, pour l'eau et la vapeur. C'est pourquoi nous voyons que dans la chaudière dont la plus grande partie est formée par un cylindre en tôle de $0^m\,965$ de diamètre, se trouvent renfermés un grand nombre de tubes en cuivre dans lesquels passent l'air chaud et la fumée avant de se rendre à la cheminée. Ces tubes traversent toute la masse d'eau contenue dans la chaudière; ils en sont donc environnés de toute part; par conséquent toute leur surface présente autant de points de contact pour la production de la vapeur. Le foyer lui-même est également environné d'eau; celle-ci reçoit l'action directe de la chaleur qui s'en dégage. Dans la Jackson ce foyer est en cuivre rouge sur toutes ses faces latérales et au-dessus; la grille qui forme sa base se compose de onze barreaux en fonte, placés dans une position légèrement inclinée. Les trois barreaux du milieu font corps ensemble, étant liés à un même axe autour duquel on peut librement les faire tourner; ils peuvent même se dresser complètement pour servir au besoin, soit à dégarnir le foyer presque subitement, soit à faciliter le nettoyage de la grille.

La chaudière est constamment alimentée par deux pompes foulantes dont le piston suit le mouvement même des pistons à vapeur, leur tige étant directement attachée à celle de ces derniers; par conséquent leur course est la même, et ils donnent le même nombre de coups par minute, de sorte que plus la vitesse de la machine est grande, plus les pompes alimentaires enverront d'eau dans la chaudière, ce qui doit être naturellement, puisque alors il y a une plus grande dépense de vapeur. Les tuyaux d'aspiration de ces pompes communiquent à un *Tender,* ou fourgon d'approvisionnement, qui suit toujours la machine avec laquelle il est attaché, et qui sert à la fois de magasin de charbon et de réservoir d'eau. Ordinairement une partie de ces tuyaux est en cuivre rouge, et l'autre partie en cuir ou en toile forte garnie intérieurement d'un ressort à boudin. Les constructeurs de la Jackson ont remplacé cette partie des tuyaux en cuir ou en toile par des *tuyaux de raccords* en bronze qui sont d'une combinaison extrêmement ingénieuse, comme nous pourrons le voir par les détails. Ces tuyaux peuvent, par leur rallongement ou leur raccourcissement, obéir, soit aux différences d'écartement qui existeraient entre la machine et le tender dans certaines circonstances, soit aux chocs qu'ils éprouvent pendant la mise en activité.

La chaudière est accompagnée de deux soupapes de sûreté, dont le système de pression est différent, d'un tube de niveau en verre, et de trois robinets placés à des hauteurs différentes pour reconnaître plus sûrement le niveau réel de l'eau dans la chaudière.

Telle est la disposition générale de la machine locomotive que nous nous sommes proposé de donner dans cette première livraison; nous allons entrer dans des explications plus complètes pour en faire connaître tous les détails, et à l'aide des dessins et des lettres qui les accompagnent, nous pourrons rendre ces explications plus simples et en même temps plus intelligibles.

§ II.

Détails de la grille, du foyer et de la chaudière.

GRILLE.

Dans la Jackson, la grille est composée de 11 barreaux en fonte *a* dont on peut voir la disposition dans la coupe longitudinale fig. 2, pl. 2, et dans le plan général fig. 7, pl. 5. Ces barreaux sont plus larges à leurs extrémités, afin qu'en se plaçant les uns contre les autres, ils laissent entre eux un vide suffisant pour le passage de l'air qui doit alimenter la combustion; ils reposent du reste à chaque bout sur des barres de fer b fixes au fond du foyer et disposées de telle sorte que les barreaux que l'on y place se trouvent légèrement inclinés au lieu d'occuper une position horizontale. Comme la machine est alimentée par le coke, on conçoit que l'on peut donner un grand passage à l'air, en mettant les barreaux écartés; c'est pourquoi l'on remarque que l'espace vide laissé entre les barreaux est plus grand que l'épaisseur même de ces derniers. Nous verrons plus loin, en déterminant la surface de la grille, le rapport de cet espace vide à celui qui est occupé par les barreaux. Ce rapport ne serait pas le même si on alimentait avec de la houille ou avec tout autre combustible. Les trois barreaux du milieu de la grille paraissent, dans le plan, fig. 7, liés entre eux; ils sont en effet fondus ensemble, et d'un bout ils ont une forme de crochet qui leur permet de tourner autour de la barre de fer b qui, en cette partie, est arrondie pour leur servir d'axe fixe; à l'autre bout ils sont réunis par une traverse qui, fondue avec eux, maintient leur écartement; cette traverse repose par son milieu sur l'extrémité d'un levier courbé c que l'on peut faire tourner sur lui-même à volonté au moyen de la poignée qui le termine. Mais afin de maintenir ce levier dans la position qu'il occupe sur le dessin (fig. 2), une pièce d'arrêt d en fer que l'on peut lever ou baisser au besoin (étant fixée à charnière au support qui porte le pivot du levier), vient s'engager dans un trou pratiqué exprès dans ce levier du côté de la poignée. De sorte qu'il suffit de soulever cette pièce d'arrêt et de faire tourner le levier, afin de dégager son extrémité de dessous les barreaux mobiles, pour que ceux-ci, abandonnés à eux-mêmes, tombent par leur propre poids, sans quitter cependant l'axe qui les porte à l'autre bout. Ainsi par cette disposition, le chauffeur ou le conducteur de la machine peut, sans peine et en un instant, former une grande ouverture à la grille, afin de faire tomber les scories et le charbon qu'elle pourrait contenir.

CENDRIER.

Au-dessous de la grille est placée une espèce de caisse en tôle *e* qui lui sert de cendrier, et qui par conséquent reçoit les résidus résultant de la combustion. Cette caisse est fixée à la partie inférieure du foyer au moyen de quatre supports en fer *f* qui sont liés avec elle, chacun par un boulon seulement, et au foyer par deux boulons, comme on le voit fig. 1re, pl. 1re. Elle est ouverte, d'un côté, dans toute sa largeur et dans presque toute sa hauteur, pour donner passage à l'air qui vient se précipiter dans le foyer en traversant la grille; cette ouverture est justement formée du côté de l'*avant*, pour faciliter l'entrée de l'air, et par suite rendre le tirage plus actif. Sur la face opposée, à l'*arrière*, se trouve aussi une ouverture, mais moins grande, par laquelle le chauffeur peut facilement enlever les scories qui sont tombées au fond du cendrier; quand la machine est en activité, il tient cette ouverture fermée au moyen de la porte en tôle *g*, garnie de ses ferrures, comme une porte de fourneau ordinaire (voy. fig. 3, pl. 3).

FOYER.

Le foyer proprement dit est un grand prisme rectangulaire A, ayant pour base la surface même de la grille. Il se compose de fortes planches de cuivre rouge laminé, lesquelles sont assemblées entre elles par un grand nombre de rivets; on voit par le plan général, fig. 7, comment ces planches sont courbées l'une sur l'autre à chaque angle pour rendre l'assemblage solide. Le côté qui reçoit les tubes placés dans la chaudière pour la circulation de l'air chaud, est plus épais que les autres, afin de pouvoir présenter la résistance suffisante, tout étant percé d'un grand nombre de trous traversés par l'extrémité de ces tubes. Sur le côté opposé, à l'arrière de la machine, est pratiquée une grande ouverture elliptique fermée par la double porte en tôle B, par laquelle le chauffeur introduit le combustible dans le foyer. Nous disons que cette porte est double, parce qu'elle se compose de deux diaphragmes placés parallèlement et laissant entre eux un espace vide de 5o millimètres (voy. fig. 2); ils font, du reste, corps ensemble, seulement le diaphragme intérieur qui reçoit l'action directe de la chaleur est en cuivre rouge, et laisse un peu de jeu autour de lui, afin de ne pas frotter contre les parois du châssis en fonte qui est fixé à l'extérieur de la chaudière pour recevoir la porte. Le second diaphragme est en tôle, et est garni de la ferrure nécessaire pour fermer et ouvrir la porte à volonté, comme celle du cendrier. On conçoit aisément qu'en composant ainsi cette porte de deux plaques qui laissent entre elles un espace libre, cet espace forme un matelas d'air qui empêche la chaleur intérieure de se dégager aussi sensiblement à l'extérieur qu'elle le ferait s'il n'y avait qu'une plaque. Le foyer est environné d'eau de toutes parts, excepté à la partie latérale occupée par la porte et celle du fond occupée par la grille; autour de chacune de ses faces latérales, il existe entre lui et l'enveloppe qui appartient à la chaudière un espace de 62 millimètres; pour maintenir cet écartement et en même temps pour assembler le foyer à la chaudière, on a placé de distance en distance des tiges en fer h, diminuées de diamètre à chaque extrémité pour former portée, et se river des deux bouts extérieurement. Ces tiges peuvent être d'une seule pièce, tirée d'une tringle ronde, et mise sur le tour pour être réduite à la grosseur convenable, ou bien on peut les faire en deux pièces, l'une avec de la tringle ayant le diamètre même des trous pratiqués dans la tôle et dans le cuivre, et l'autre avec du fer creux, formant un tube coupé de longueur pour s'ajuster librement sur la tige. Sur la coupe longitudinale, fig. 2, une grande partie de ces tiges sont vues par bout et par conséquent représentées par des cercles, disposés régulièrement; mais on distingue en même temps deux places h' laissées en blanc, pour montrer qu'il n'existe point en ces parties de tiges d'écartement; il ne peut en effet en exister à cause des grands supports en fer qui correspondent à cet endroit, et qui sont fixés à la chaudière pour la maintenir sur le cadre de la machine. Enfin, pour consolider la plaque supérieure du foyer, on y a fixé par des rivets, quatre cornières en fer qui ont la forme d'une équerre.

CHAUDIÈRE.

La chaudière est une grande capacité C, entièrement composée de feuilles de tôle plus ou moins épaisses, assemblées et rivées entre elles. Nous pouvons la regarder comme partagée en trois compartiments inégaux, servant à la fois à recevoir l'eau et la vapeur, le foyer et les cylindres. Le compartiment du milieu est cylindrique; il a un diamètre de 0^m 965 et une longueur de deux mètres. Toute sa surface extérieure est enveloppée de douves en bois, assemblées les unes contre les autres et maintenues par de forts cercles en fer. Dans son intérieur sont renfermés 82 tubes D, en cuivre rouge et plus souvent en laiton, passés au banc à étirer (1); ces tubes sont placés horizontalement, et ouverts à chaque extrémité pour livrer passage à l'air chaud et à la fumée, et former par cela même une grande surface de chauffe, par le grand nombre de points de contact qu'ils présentent à l'eau qui les entoure. Ils sont portés d'un bout par la paroi la plus épaisse du foyer (voy. fig. 2) et de l'autre par le diaphragme en tôle E qui sépare la partie cylindrique de la chaudière de celle dans laquelle se trouvent les cylindres à vapeur. Mais afin qu'ils soient solidement fixés, et qu'ils ne laissent aucune fuite par les parois avec lesquelles ils s'assemblent, on est obligé d'évaser un peu chacune de leurs extrémités, après qu'ils sont ajustés, et d'y enfoncer avec force des viroles en fer i que l'on matte ensuite avec soin sur les bords : voyez un détail de ces viroles sur les fig. 31, 32 et 33 de la pl. 6. Nous avons eu lieu de remarquer que dans plusieurs machines arrivant d'Angleterre ces viroles étaient évasées vers le bord extérieur, comme nous l'avons figuré dans la pl. 2; mais ici on les laisse tout à fait cylindriques intérieurement, comme nous l'exprimons sur les détails, pl. 6. Ces viroles étant mandrinées sont nécessairement parfaitement rondes à l'intérieur; il suffit de les affaiblir un peu vers le bout extérieurement, pour faciliter leur entrée

---

(1) Nous nous plaisons à mentionner ici, comme M. de Pambour, que cette disposition de chaudière à tubes (disposition qui permet d'obtenir dans un petit espace une très grande surface de chauffe), est d'invention française; elle est due à M. Séguin (ingénieur et manufacturier à Annonay), breveté pour cet objet, le 22 février 1828.

dans les tubes, et de leur donner la forme qu'on leur voit sur la coupe représentée de grandeur naturelle, fig. 33.

On voit donc maintenant que toute l'eau renfermée dans la chaudière ne reçoit pas l'action de la chaleur de la même manière. Toute celle qui enveloppe le foyer étant en contact immédiat avec le combustible, reçoit l'action directe de la chaleur qui s'en dégage : on dit alors que la vapeur est formée par le *calorique rayonnant;* mais toute celle qui enveloppe les tubes ne recevant de chaleur que par le contact de la flamme et de l'air chaud qui s'échappent du foyer, ne peut être chauffée avec la même intensité, la vapeur n'est formée que par la *chaleur de communication.* Ainsi nous distinguerons toujours la *surface de chauffe communicative* ou *par contact,* de la *surface de chauffe* par *rayonnement.*

Le compartiment qui environne le foyer a, comme lui, une forme prismatique; mais sa partie supérieure est un demi-cylindre dont le diamètre est un peu plus grand que celui du premier. Il est surmonté en cette partie d'une cloche en cuivre F dans laquelle se loge la partie verticale du tuyau d'admission de vapeur.

Enfin le troisième compartiment qui est à l'avant de la machine et qui ne contient pas d'eau, est destiné à renfermer les cylindres à vapeur et les boîtes de distribution, les tuyaux d'entrée et de sortie de vapeur, et à supporter sur sa partie supérieure la cheminée en tôle G par laquelle s'échappe la fumée qui se dégage des 82 tubes conducteurs. Ce dernier compartiment a exactement la même forme que le précédent; il a la même dimension dans le sens de la largeur de la machine, mais il est un peu plus petit dans le sens de la longueur. Sur la face extérieure on a ménagé une grande ouverture, fermée par un registre en tôle *j* et qui permet au chauffeur de s'introduire dans la chaudière, soit pour examiner les boîtes et les tiroirs de distribution, soit pour refaire les joints, soit enfin pour retirer ou remettre en place les tubes conducteurs de chaleur. Quand on veut enlever ce registre, il suffit de desserrer deux vis de pression qui le maintiennent par la partie supérieure à la chaudière, et en le prenant par les poignées dont il est armé, on le dégage de la coulisse demi-circulaire formée par une portion de cercle en fer plat et mince rivé contre la chaudière. On voit aussi sur cette face, mais au-dessous du registre, une ouverture qui représente un conduit ou canal *k* destiné à livrer passage aux bielles ou tirants d'excentrique qui donnent le mouvement aux leviers de distribution. Ce conduit n'est pas en communication avec ce compartiment de la chaudière ; il le traverse dans sa longueur, et reste toujours ouvert aux deux extrémités seulement. Enfin une troisième ouverture est encore ménagée plus bas et fermée par une petite porte *l*, pour servir au besoin à enlever les escarbilles qui peuvent tomber des tubes ou de la cheminée, et qui se déposent au fond de ce compartiment entre les cylindres.

Ces trois parties qui composent la chaudière ne sont pas seulement réunies entre elles par des cercles en fer coudés en équerre et rivés, mais encore elles sont maintenues très solidement ensemble par treize grands boulons à écrous *m* tous placés dans un même plan horizontal au-dessus des tubes, et elles sont supportées sur le cadre ou châssis de la machine au moyen de six fortes équerres en fer boulonnées très fortement.

Comme le conducteur de la machine doit toujours se trouver sur l'arrière, parce que là seulement il est à portée, soit de communiquer avec le fourgon d'approvisionnement, soit d'alimenter la chaudière, soit de régler le robinet d'admission ou de manœuvrer les leviers de distribution de vapeur, soit enfin de changer le sens du mouvement de la machine, on a placé derrière la chaudière un plancher en forte tôle H qui repose sur le cadre de la machine et qui se prolonge assez en arrière pour qu'il puisse facilement passer sur le tender ; et pour sa propre sûreté, on a le soin de mettre des deux côtés du plancher un garde-fou qui du reste est formé simplement de tiges de fer, rivées par le bas et réunies à leur partie supérieure par une barre carrée qui sert d'appui.

CHEMINÉE.

La cheminée est en tôle mince de 7 millimètres d'épaisseur ; sa hauteur totale est de 2 mètres 285 mill., y compris la partie qui descend dans le troisième compartiment de la chaudière, à laquelle elle est fixée par un fort cercle en fer, coudé en équerre, et assemblé par un grand nombre de rivets. Comme on ne peut évidemment exécuter cette che-

minée qu'au moyen de plusieurs feuilles de tôle réunies ensemble, à la
jonction de ces feuilles, on place des cercles en fer rivés avec elles, en
formant moulures. Nous verrons dans les coupes fig. 2 et 6 que le tuyau
d'échappement de vapeur vient déboucher dans cette cheminée, afin
d'y opérer une espèce de vide et par cela même augmenter le tirage de
l'air. On a reconnu que ce moyen est excellent pour obtenir une combustion active et qui doit l'être d'autant plus que l'on a besoin de dépenser
une plus grande quantité de vapeur pour faire acquérir à la machine une
vitesse très considérable.

§ III.

Admission et distribution de vapeur; détails des boîtes à tiroirs, des cylindres et des pistons.

TUYAUX D'ADMISSION DE VAPEUR.

Nous avons dit que sur le sommet du deuxième compartiment de la
chaudière se trouve une cloche en cuivre F dans laquelle passe la partie
verticale du grand tuyau I qui doit conduire la vapeur dans les cylindres.
Cette partie verticale du tuyau est très importante pour le travail de la
machine; il est facile de concevoir en effet que pendant la marche du
convoi, l'eau renfermée dans la chaudière est constamment en mouvement par les secousses de la voiture; et comme le tuyau I est placé horizontalement à peu de distance au-dessus du niveau habituel, s'il était tout
simplement ouvert à son extrémité pour l'introduction de la vapeur,
l'eau y pénétrerait en même temps. Mais en obligeant la vapeur de s'élever
jusqu'au sommet de cette partie verticale du tuyau pour pouvoir s'y
introduire, l'eau ne peut évidemment la suivre jusqu'à cette hauteur.
Avec une telle disposition il faut alors que le robinet d'admission J soit
d'une forme particulière. Il faut qu'il soit ouvert latéralement d'une
part et à sa plus petite base de l'autre, afin d'établir la communication
entre la partie verticale et la partie horizontale du tuyau. Ce robinet doit
être nécessairement placé de manière à se trouver à la portée du chauffeur; c'est pourquoi il porte une tige en fer qui se prolonge jusqu'à

l'extérieur de la chaudière ; à cette extrémité elle est armée d'une manivelle *n* que l'homme manœuvre à volonté pour ouvrir ou fermer le robinet de la quantité nécessaire, afin de laisser entrer plus ou moins de vapeur
dans le tuyau et par suite dans les boîtes de distribution. Un quart de
cercle gradué *o* placé contre la chaudière, à la vue du chauffeur, lui
indique le degré d'ouverture ou de fermeture de ce robinet ; et une petite
boîte à étoupes traversée par la tige, empêche la vapeur produite de s'é-
chapper par le joint, comme l'air extérieur de pénétrer dans la chaudière.
Et afin de maintenir le robinet de manière que la pression de la vapeur
ne tende pas à le faire sortir du tuyau, on a eu le soin de placer à l'extrémité de sa tige une vis de pression *o′*, laquelle vient butter contre celle-ci
et l'empêche de reculer ; cette vis est taraudée dans une pièce en fer
coudée en fer à cheval, et un contre-écrou placé derrière la retient dans
sa position.

Le tuyau d'admission de vapeur I, après avoir traversé les deux premiers compartiments de la chaudière, se lie par des boulons au diaphragme qui sépare le troisième, et de là il se partage en deux branches I′, I² qui communiquent aux boîtes de distribution des deux cylindres. Chacune de ces branches a un diamètre nécessairement plus petit que
le tuyau principal ; elles sont courbées en arc de cercle (comme on peut le
voir sur la coupe transversale fig. 6), pour laisser entièrement à découvert l'assemblage des tubes conducteurs, et par suite faciliter le travail de
leur joint ; elles descendent ensuite verticalement sur les tubulures qui
font partie des boîtes de distribution.

DISTRIBUTION DE VAPEUR.

Lorsque le robinet d'admission est ouvert, la vapeur se précipite dans
le grand tuyau I et se distribue dans les deux branches I′ et I², pour entrer
aussitôt dans les boîtes en fonte K qui se trouvent placées horizontalement au-dessus des cylindres. Ces boîtes ont une forme rectangulaire ;
elles renferment chacune deux tiroirs en cuivre *p*, liés à une même tige
horizontale *q*, et au moyen desquels la vapeur peut passer dans les cylindres, alternativement à droite et à gauche des pistons.

Comme les boîtes et les cylindres sont exactement semblables, nous n'avons besoin que de décrire l'une des deux distributions, qui se trouve suffisamment détaillée dans la pl. 6. On peut voir sur les fig. 11, 12 et 13 de cette planche que la boîte n'est autre qu'un châssis rectangulaire en fonte de peu de hauteur, portant des oreilles sur ses quatre côtés et entièrement ouvert à ses deux bases opposées; il s'applique par l'une de ces bases, celle inférieure, sur le cylindre à vapeur où il se trouve maintenu par des boulons, et à l'autre base, celle supérieure, il est fermé par un couvercle en fonte que les mêmes boulons lient avec lui. Mais afin de ne pas être obligé de retirer ce couvercle, et par conséquent d'enlever tous les boulons qui le fixent à la boîte, et forment en même temps l'assemblage de celle-ci avec le cylindre, on y a pratiqué deux ouvertures, au-dessus desquelles se trouvent deux petites portes elliptiques r; comme deux boulons suffisent pour fermer chacune de ces portes hermétiquement, on conçoit qu'il sera facile d'enlever ces dernières toutes les fois qu'il sera nécessaire d'examiner dans l'intérieur de la boîte si les tiroirs sont bien à leur place, et si la distribution s'opère bien. Sur un côté de la boîte est la tubulure qui reçoit l'extrémité inférieure du tuyau I', et sur le côté qui se présente à l'avant de la machine se trouve une autre tubulure destinée à former boîte à étoupes pour embrasser la tige des tiroirs; cette tubulure est fermée par un bouchon en cuivre qui presse l'étoupe, en même temps qu'il sert de conducteur à la tige.

TIROIRS.

Les deux tiroirs p, renfermés dans les boîtes de distribution, sont détaillés sur les figures 14 et 15; ces tiroirs sont tout à fait semblables, ils ont une forme rectangulaire évidée intérieurement; la largeur de cet évidement est tel qu'il doit pouvoir embrasser à la fois l'orifice d'entrée de vapeur au cylindre, et l'orifice de sortie, plus la partie pleine ou l'espace qui existe entre ces deux orifices, afin d'établir une communication entre eux toutes les fois qu'il est nécessaire. Il est aisé de voir sur les détails que ces tiroirs sont embrassés par deux cadres en fer qui font corps avec la tige horizontale q, de manière à se trouver entraînés en même temps dans le mouvement rectiligne qui lui est imprimé. Cette tige est taraudée vers son milieu où elle traverse un écrou, pour permettre de régler exactement la position des tiroirs par rapport aux orifices qui établissent la communication avec l'intérieur du cylindre ou avec l'extérieur; elle est terminée par un œil rectangulaire, dans lequel passe le bout du levier dont elle reçoit son mouvement de va et vient.

CYLINDRE A VAPEUR.

Les cylindres à vapeur L sont entièrement en fonte, fixés à la chaudière par des boulons dont les écrous sont extérieurs. Chacun de ces cylindres est fermé par un couvercle à ses extrémités. Le couvercle qui se trouve à l'avant-train est percé à son centre d'un trou taraudé dans lequel est ajusté un robinet graisseur s, et le second couvercle, placé à l'autre extrémité du cylindre, forme boîte à étoupes pour le passage de la tige du piston. Cette boîte à étoupes est fermée par un bouchon en cuivre qui, au moyen de deux boulons, comprime l'étoupe au degré convenable. Chaque cylindre est percé de deux orifices t, t', qui permettent l'entrée de la vapeur soit à gauche soit à droite du piston, et dans la partie sur laquelle s'ajuste la boîte de distribution est pratiqué un canal t^2, t^3, qui au centre communique avec la tubulure u revenue à la fonte avec le cylindre (*Voyez* pl. 2 et 4) et qui à chaque extrémité débouche dans la boîte K. C'est par ce canal que s'effectue la sortie de la vapeur qui a opéré son effet sur le piston. Ainsi en examinant la planche 2 on reconnaît que, par la position donnée aux tiroirs, la vapeur qui arrive du tuyau I et qui remplit constamment la boîte de distribution, peut passer par l'orifice t et se précipiter dans le cylindre à gauche du piston; celui-ci est donc poussé vers la droite comme l'indique la flèche. Mais la vapeur qui remplissait la partie du cylindre à droite du piston, sort par l'orifice t'; et comme ce dernier est à ce moment en communication avec l'ouverture t^2, on conçoit que cette vapeur doit alors se projeter dans ce canal, passer dans la tubulure, et se rendre aussitôt par le tube de sortie M dans la cheminée où ce tube va déboucher. Sur la figure 6 de la planche 4, on voit que ce tube de sortie est coudé à sa partie inférieure en deux parties pour se

joindre aux tubulures des deux cylindres, et à son sommet il est diminué
de diamètre, afin d'augmenter la vitesse de la vapeur à sa sortie de la cheminée, et par suite chasser l'air devant elle avec plus de violence. De cette sorte
on opère dans tous les conduits de chaleur et dans le foyer un vide qui
est d'autant plus grand que le courant de vapeur est lui-même plus rapide.
Ce vide est immédiatement occupé par une nouvelle masse d'air qui se
précipite de l'extérieur dans le foyer en traversant la grille et le combustible. Il est aisé de concevoir que plus l'orifice de sortie sera petit, plus le
courant de vapeur qui s'en échappe sera violent et par conséquent plus il
aura d'effet pour activer le feu. Il doit nécessairement en résulter une
plus grande quantité de vapeur produite dans un temps donné, ou une
augmentation de puissance dans la machine. Ainsi le diamètre donné à cet
orifice de sortie n'est donc pas sans importance, puisqu'en le changeant
on varie le pouvoir de vaporisation de la chaudière. Dans la Jackson, le
diamètre de cet orifice est de 60 millimètres; cette dimension paraît être
généralement adoptée dans la plupart des machines qui font le service du
chemin de Liverpool à Manchester, car à l'exception de quelques-unes on
remarque que le diamètre ne varie que de 56 à 64 millimètres.

A la partie inférieure du tuyau d'échappement M on a placé un petit
tube à robinet ν par lequel on fait sortir toute l'eau résultant de la vapeur
qui s'y condense, ce qui a principalement lieu à la mise en marche de la
machine.

PISTONS A VAPEUR.

Chaque cylindre renferme un piston à garniture métallique N dont le
corps et le couvercle sont en fonte, percés au centre pour le passage de
la tige cylindrique en fer O avec laquelle il est fixé au moyen d'une clavette (*Voyez* fig. 16, pl. 6). La garniture de ce piston est d'une grande
simplicité, et présente surtout moins de difficulté de construction que les
autres genres de pistons métalliques. Elle se compose de deux cercles ou
bagues en fer dont l'épaisseur n'est pas la même dans toute la circonférence; à la partie la plus faible leur épaisseur n'est que de 24 millimètres,
et au point diamétralement opposé, l'épaisseur est de 30 millimètres. Ainsi

la circonférence extérieure de ces bagues n'est pas concentrique à la circonférence intérieure. A la partie la plus faible elles sont fendues en triangle, comme le montre le détail fig. 19. C'est dans cette partie évidée que l'on ajuste un coin en fer ou en fonte y, qui a pour but de tendre constamment à faire ouvrir la bague. Pour celá ce coin est poussé par un ressort méplat et courbé z, en acier trempé; la tension de ce ressort est réglée au moyen d'un écrou traversé par la broche même qui le porte, et dont une extrémité pénètre dans le milieu du coin. Les extrémités du ressort s'appuient contre des oreilles venues à la fonte avec le corps du piston, au centre bandé par l'écrou, il exerce sa pression contre le coin. Comme les deux bagues sont placées l'une contre l'autre de telle sorte que la plus faible épaisseur de la première corresponde à la plus forte épaisseur de la seconde, on conçoit bien que le petit espace vide formé par l'ouverture de celle-ci est fermé par la partie pleine de celle-là, et réciproquement. Ainsi les deux ressorts et les deux coins que l'on voit représentés sur la fig. 17, quoique paraissant diamétralemant opposés, ne sont pas dans le même plan. Le couvercle en fonte qui ferme le piston, maintient les bagues, sans cependant les empêcher de jouer, pour obéir soit à la force d'élasticité des ressorts, soit à la poussée du cylindre; il est attaché au corps du piston par quatre vis taraudées dans les oreilles mêmes qui servent d'appui aux ressorts (1).

§ IV.

Transmission du mouvement des pistons aux roues, et disposition du mouvement des tiroirs de distribution.

BIELLES.

La tige de chaque piston est liée par une châpe, ou douille en fer, à une bielle P′, également en fer, qui doit transformer le mouvement alternatif du piston en un mouvement circulaire continu transmis aux deux

(1) MM. Cartier et Armengaud aîné, constructeurs de machines et fabricants d'engrenages à Paris, ont eu occasion d'appliquer, en 1837, cette disposition de piston à une machine de douze chevaux destinée à faire mouvoir des moulins à blé : les bagues et les coins sont en fonte au lieu d'être en fer, et le piston marche fort bien.

roues principales de la voiture, par l'arbre coudé qui les porte. Cette bielle est garnie à chaque extrémité de coussinets en bronze que l'on peut resserrer au besoin au degré convenable, au moyen de clavettes et de contreclavettes comme l'indiquent les détails, fig. 55 et 56. Les coussinets placés à la tête de la bielle embrassent le milieu de l'entretoise a', qui porte les coulissaux ou guides du piston. C'est avec cette entretoise que s'assemble la châpe en fer qui doit lier la tige à la bielle, en permettant à celle-ci de s'articuler afin d'obéir au mouvement de rotation continue que son autre extrémité doit avoir, quand au contraire la tige et le piston doivent parcourir une ligne droite. Les coulissaux b' que portent les extrémités de l'entretoise sont méplats, un peu évidés; leurs deux surfaces horizontales sont bien dressées, et glissent dans des coulisses en fer qui font partie des grandes traverses du bâtis de la machine.

ARBRE OU ESSIEU MOTEUR.

L'extrémité la plus forte de chacune des deux bielles est destinée à embrasser les coudes de l'arbre moteur Q. Ces coudes forment manivelles, disposées à l'angle droit, afin de se trouver constamment dans des positions différentes pendant le mouvement de la machine. Ainsi l'une correspond à une position extrême du premier piston, par exemple, et l'autre à une position milieu du second, comme on peut facilement le voir par les fig. 2 et 4. Il en résulte que lorsque la bielle, la manivelle et la tige d'un piston se trouvent toutes sur une même ligne, la bielle, la manivelle et la tige de l'autre se trouvent dans une position telle qu'elles reçoivent et transmettent la plus grande action à l'arbre moteur.

Cet arbre reçoit donc toute la puissance de la machine, en même temps qu'il est susceptible d'éprouver parfois des secousses et des chocs considérables. On conçoit alors qu'il doit être d'une construction extrêmement solide; il faut qu'il soit toujours fait en fer bien sain et bien corroyé. Ayant eu l'occasion de voir travailler un essieu de ce genre, nous avons été vraiment surpris de la masse de fer qu'il a fallu employer pour le confectionner. On pourra s'en faire une idée si l'on s'imagine 45 barres de fer plat de 3° (81 mill.) de largeur sur 11 à 12 lig. (25 à 27 mill.) d'épaisseur ; ces barres étaient approchées les unes contre les autres, et formaient une section rectangulaire dont la surface n'était pas moins de 400 centim. carrés. Comme cette section est la même sur une longueur qui ne peut être moins de deux mètres, on voit que l'on emploie près de 623 kilog. de fer pour arriver à sa confection. (1) On conçoit, du reste, que cette énorme quantité de fer que l'on ne peut souder et corroyer qu'à l'aide d'un martinet, est très essentielle pour pouvoir former les deux parties coudées de l'arbre, car celles-ci ne peuvent être faites en courbant le fer, il faut les tirer de dans la masse ; ainsi quand le forgeron a pu former une masse assez forte, il découpe à chaud l'intérieur qui évide la manivelle. L'arbre est donc forgé cylindrique dans tout le reste de la longueur, à l'exception de deux parties qui forment manivelles, et auxquelles le forgeron s'attache principalement, puisque ce sont les parties qui fatiguent le plus, en même temps qu'elles présentent le plus de difficulté d'exécution. Pour le finir, on le tourne aux collets et dans toutes les parties des ajustements. Nous verrons plus loin comment cet arbre tourne dans des coussinets portés par le cadre de la machine, et est maintenu par d'autres coussinets portés par les grandes traverses en fer qu'on a placées sous la chaudière pour servir à consolider les deux compartiments extrémes, en même temps qu'elles servent de guides aux tiges de pistons.

ROUES.

L'arbre moteur porte les deux grandes roues R qui sont fixées sur lui d'une manière très solide, au moyen de quatre fortes clefs en fer encastrées dans leur moyeu, et chassées avec force ; ces clefs s'appuyent contre une partie méplate formée sur la surface de l'arbre, et permettent de décaler les roues au besoin. Ces roues sont entièrement en fonte et en fer ; ainsi le moyeu est un fort disque de fonte alezé à son centre à la grosseur même de l'arbre, et portant quatorze bras ou rais en fer rond et plein ,

---

(1) On sait que la pesanteur spécifique du fer malléable est de 7 k. 783 par décimètre cube ; ainsi, comme le volume total des barres qui doivent former l'arbre est de 4 déc. $\times$ 20 $=$ 80 déc. cubes, on trouve, en effectuant le calcul, que le poids est de 622 k. 64.

allant en diminuant de diamètre du moyeu à la jante. Ces bras sont forgés avec une portion de jante circulaire, qui forme justement la quatorzième partie de la roue. Sur la circonférence extérieure du premier cercle ainsi obtenu, on ajuste une bague en fer d'une même pièce, et on les assemble ensuite au moyen de boulons rivés. Les rais aplatis en s'élargissant dans la partie qui doit être encastrée dans ce moyeu, tiennent dans ce dernier par l'adhérence naturelle de la fonte coulée à chaud sur le fer froid ; ainsi quand on les a réunis ensemble dans le même châssis où l'on a moulé le modèle du moyeu, on coule celui-ci, et alors on obtient une roue toute garnie de ses bras et de ses deux premiers cercles. Il faut encore, pour terminer la roue, ajuster un troisième cercle qui doit frotter sur la surface supérieure des rails ; ce dernier cercle est à rebord du côté intérieur de la machine, afin que la roue soit constamment maintenue sur la ligne des rails, et qu'elle ne puisse s'en écarter. Ce cercle à rebord est ajusté à chaud sur la circonférence du deuxième cercle également fixé avec lui au moyen de rivets qui traversent les trois épaisseurs de la jante de la roue ; il est ensuite tourné de manière à présenter une surface extérieure légèrement conique, dont la plus grande base se tourne du côté du rebord saillant, et s'accorde avec lui par une gorge circulaire (voir la coupe tranversale, fig. 4e); ainsi la ligne par laquelle la roue est en contact avec le rail n'est pas tout à fait horizontale, elle doit être inclinée au-dedans de la voie d'une certaine quantité. Cette disposition est extrêmement importante pour la marche de la machine, afin que le rebord saillant ne soit pas susceptible de frotter constamment contre l'arête latérale des rails. On conçoit en effet que si le chemin suit une ligne courbe, quelque peu prononcée qu'elle soit, il peut arriver un moment où la machine, obligée de suivre cette ligne, soit conduite vers la droite ; par exemple, la roue de droite tend alors à marcher sur sa plus grande circonférence, elle avancera donc plus vite que la roue de gauche, qui est entraînée à marcher sur sa plus petite base ; il en résulte nécessairement que la machine est bientôt ramenée à la vraie position qu'elle doit occuper sur les rails sur lesquels les roues restent en contact par leur circonférence moyenne.

La construction des deux autres roues R' est exactement la même que celle des deux premières, quoique d'un diamètre plus petit; mais elles ne reçoivent en aucune manière l'action du moteur; elles tournent avec leur arbre Q' par leur simple contact sur les rails: ainsi elles ne servent qu'à supporter une partie de la machine, parce que l'adhésion des deux grandes roues sur les rails est suffisante pour déterminer la marche de la voiture, sans glisser sur elles-mêmes; l'arbre de ces roues est droit sans coudes, et n'est autre qu'un axe cylindrique dans toute sa longueur: on a seulement ménagé, vers ses extrémités, des collets qui sont embrassés par des coussinets fixés au-dessous du cadre de la machine.

EXCENTRIQUES ET MOUVEMENT DE LA DISTRIBUTION DE VAPEUR.

Sur le milieu de l'arbre moteur Q est ajusté un double excentrique $S\,S'$ que l'on est obligé de fondre en deux parties pour pouvoir l'introduire, à cause du coude des manivelles qui empêchent nécessairement de le faire entrer par l'une des extrémités. Pour réunir ces deux parties, on emploie quatre boulons (dont un à écrou) qui se logent chacun dans une ouverture ménagée pour cet effet à la fonte; les trois autres sont à clavettes logés d'un bout dans la première partie. Par cet assemblage les deux pièces n'en font plus qu'une, quoiqu'elles forment réellement deux excentriques bien distincts dont les centres ne se correspondent pas, mais se trouvent au contraire sur deux lignes perpendiculaires l'une à l'autre. Sur les deux bases opposées de ce double excentrique sont fixés des disques circulaires $c'\,c^2$, de peu d'épaisseur, et formés aussi chacun de deux pièces qui y sont assujetties par des vis. Dans chacun de ces disques on a pratiqué une ouverture en forme de secteur qui est destinée à recevoir des argots ou mentonnets placés dans une position invariable sur l'arbre, tandis qu'au contraire les excentriques sont libres sur lui, c'est-à-dire qu'ils peuvent glisser dans le sens de sa longueur, comme ils peuvent tourner sans lui. Il en résulte que dans la marche de la machine ces excentriques ne peuvent se mouvoir qu'autant qu'ils reçoivent l'action de l'un des mentonnets fixés à l'essieu; ainsi, suivant que les disques se trouvent engagés avec l'un de ces mentonnets, ils font marcher les tiroirs de distribution dans un certain sens pour déterminer l'avancement de la machine ou son recul. Ces excentriques sont embrassés chacun par un collier $T\,T'$ en cuivre, en deux parties, réunies entre elles et assemblées ensuite à un tirant en fer U qui passe sous la chaudière. (Comme le collier et le tirant de cet excentrique est le même pour l'autre, nous n'avons pas besoin de le décrire.) Ce tirant se prolonge jusqu'au dehors de la machine, à l'avant des cylindres, où il se trouve accroché à l'extrémité d'un levier e' auquel il fait décrire un arc de cercle, et par suite fait osciller sur lui-même l'arbre V sur lequel il est monté. Cet arbre fait alors mettre les leviers $f'\,f^2$ en mouvement, et comme la partie supérieure de ceux-ci se trouve engagée dans l'œil formé à l'extrémité des tiges des tiroirs, il est évident que ces dernières seront entraînées, et devront avoir un mouvement rectiligne alternatif qui correspondra exactement à celui des pistons moteurs de la machine. Ainsi, quand les excentriques se trouvent placés comme l'indique le plan fig. 7, ce qui a lieu quand la frette à mentonnet d' est engagée dans le disque correspondant c', le système de distribution a lieu comme on le voit sur la coupe longitudinale pl. 2, d'où il résulte que les roues qui reçoivent l'action de l'arbre moteur tournent dans le sens indiqué par la flèche, et déterminent par cela même la marche progressive de la machine. Si au contraire c'était le mentonnet d^2 qui fût engagé dans le deuxième disque c^2, le système de distribution se trouverait changé : au lieu de se faire comme on le voit sur le dessin, elle aurait lieu en sens opposé; les roues tourneraient donc différemment, puisque leur essieu recevrait des pistons une action contraire, et la machine rétrograderait. Si enfin les mentonnets n'étaient ni l'un ni l'autre engagés dans leur disque respectif, les excentriques restant libres sur leur axe ne produiraient aucun effet : il n'y aurait évidemment plus de mouvement, les tiroirs ne marcheraient pas, la machine serait arrêtée. Ce changement de position d'excentriques sur l'arbre moteur est très important; aussi doit-il être à la disposition du conducteur de la machine, pour qu'il puisse au besoin, et surtout dans des cas pressants, opérer ce changement avec le plus de célérité possible. C'est pour cela qu'entre ces deux excentriques, on a ménagé une gorge cylindrique qui est embrassée par une fourchette en fer X qui peut être mobile autour d'un axe horizontal s' supporté sur deux équerres en fer formant coussinets, appliqués contre la chaudière (voy. fig. 7, pl. 5). Le bout de cet axe, prolongé en dehors du coussinet, prend la forme d'un collet pour recevoir l'action d'un levier à fourche t' monté sur un autre axe horizontal u', lequel est perpendiculaire au premier et supporté comme lui par deux équerres en fer appliquées contre la paroi latérale de la chaudière. C'est à l'extrémité de ce second axe que l'on a adapté une pédale v', et sur le bout aplati de cette dernière, le conducteur de la machine appuie le pied à un certain degré pour faire avancer la fourchette X, et par suite les excentriques de la quantité convenable. Ainsi tant que la pédale n'est pas touchée par le conducteur, elle reste dans la position qu'on lui a donnée, fig. 3, pl. 3, et dans laquelle elle se trouve maintenue d'une part par le ressort x' qui tend toujours à l'amener dans cette position, et de l'autre par la pièce d'arrêt y' contre laquelle elle vient butter. Mais aussitôt que le conducteur appuie sur la pédale, elle fait tourner son axe u' et en même temps le levier fourchu t', qui alors appelle à lui le premier axe s' et par suite la fourchette d'embrayage X; celle-ci ne quittant pas la gorge des excentriques, les fait nécessairement dégager du mentonnet qui était encastré dans leur disque c'.

Dans les locomotives, comme dans les machines à vapeur ordinaires de terre ou de bateaux, il est essentiel que le chauffeur puisse faire mouvoir les tiroirs de distribution à la main, afin d'opérer par ce mouvement l'introduction de la vapeur dans les cylindres à gauche ou à droite des pistons, ce qui est surtout indispensable pour la mise en train de la machine. Pour cet effet, à l'extrémité des tirants d'excentriques, sont adaptées les tiges verticales en fer i' i^2, lesquelles s'attachent par articulation à des leviers j' j^2, dont l'axe est en deux parties ; afin de rendre le mouvement de ces tiges indépendant, il est coupé au milieu : c'est pourquoi on voit sur la figure 5e que le support du milieu paraît double, pour s'unir à la fois aux deux parties; deux autres leviers k' k^2 sont montés aux extrémités de cet axe; ces leviers sont eux-mêmes liés aux grandes tringles l' l^2 qui passent sur la chaudière, et viennent jusqu'à l'arrière, à la main du chauffeur; là elles sont assemblées à des poignées en fer m' m^2 que l'on peut manœuvrer très facilement; il suffit de tirer ces poignées à soi, pour élever les tiges verticales d'une certaine quantité, et par suite dégager les tirants d'excentriques des boutons qui les retiennent aux leviers de distribution ; il en résulte que les tiges des tiroirs sont libres, et alors, au moyen d'un autre système de leviers doubles $g'\,g^2$, on peut faire marcher ces derniers. Cette opération se fait encore sans que le chauffeur quitte l'arrière de la machine, parce que les leviers $g'\,g^2$ qui sont montés tout à fait à l'extrémité de l'axe V, sont attachés à de longues tringles inclinées $q'\,q^2$ qui passent sur le côté de la chaudière. Ces tringles sont réunies à l'autre bout par des leviers semblables $n'\,n^2$ montés sur les axes $o'\,o^2$ qui sont placés sur la même ligne, et de telle sorte que l'un, le plus court, est diminué de diamètre dans une partie de sa longueur pour s'ajuster dans l'autre qui lui sert de support. Ainsi ces deux axes peuvent se mouvoir indépendamment l'un de l'autre ; le chauffeur le fait tourner alternativement au moyen de deux grandes manettes $p'\,p^2$ qui sont fixées sur chacun d'eux ; ce mouvement alternatif qu'il leur donne est transmis par les longues tringles et les leviers $q'\,q^2$ à l'axe V et par conséquent aux tiges des tiroirs. On conçoit alors combien il est facile à un conducteur intelligent qui comprend tout le jeu de sa machine de faire, sans bouger de place, toutes les manœuvres nécessaires, soit pour embrayer ou débrayer les excentriques, soit pour donner plus ou moins de vapeur, et par conséquent augmenter ou diminuer la vitesse et la puissance de l'appareil.

§ V.

Appareils d'alimentation et de sûreté.

POMPES ALIMENTAIRES.

Nous verrons plus loin que les surfaces de chauffe de la chaudière sont capables de réduire en vapeur vingt à vingt-cinq kilogrammes d'eau par minute, quand la machine est en mouvement. Il est donc de la plus grande importance de renouveler à chaque instant la quantité d'eau qui est réduite en vapeur, sans quoi le niveau de l'eau baisserait rapidement, et il y aurait danger d'explosion, parce que les parties des surfaces de chauffe, qui seraient alors exposées directement au feu, sans avoir de contact avec le liquide, seraient bientôt élevées à une forte température. On doit donc chercher à maintenir autant que possible l'eau dans la chaudière à un niveau constant; c'est une des conditions les plus essentielles à remplir dans une locomotive. Aussi on a toujours le soin d'y adapter deux pompes alimentaires, de sorte que, dans le cas où l'une ne jouerait pas, l'autre pourrait aisément y suppléer : ces deux pompes sont placées symétriquement de chaque côté de la partie cylindrique de la chaudière (*Voyez* fig. 4 et 7, pl. 3 et 5); elles sont mues par les tiges mêmes des pistons moteurs, comme nous allons le reconnaître. L'une de ces pompes est représentée en détail au cinquième de grandeur dans la pl. 7. La fig. 34 la fait voir intérieurement coupée par un plan vertical passant par l'axe du corps de pompe et des soupapes. Ce corps de pompe est construit entièrement en cuivre, il n'a pas besoin d'être alézé, parce que le piston Z, qui y est renfermé, ne le touche pas; c'est la boîte à étoupes seule, qui est placée à la tête du corps de pompe, qui doit établir la fermeture et serrer le piston au degré convenable pour ne pas laisser entrer d'air ni sortir d'eau. Les constructeurs de la Jackson, au lieu de prendre un cylindre plein pour faire le piston, se sont, au contraire, servi d'un cylindre creux en bronze et la tige z^1 traversant toute la longueur de ce tube s'y trouve fixée à sa base par un écrou, tandis que par son autre extrémité elle s'attache à un levier en fer a^2 (fig. 34 et 36, pl. 7) lequel est monté sur le bout de la tige du piston à vapeur. Il résulte de cette nouvelle disposition que, si le corps de pompe venait à se déranger de sa position, de telle sorte que son axe ne serait plus exactement en ligne directe avec celui du piston, la tige de celui-ci, étant très longue, fléchirait dans sa longueur, et préviendrait par là une rupture qui serait inévitable dans toute autre circonstance. Le tuyau d'aspiration A^1 est en cuivre rouge, et vient s'adapter, au moyen d'un écrou, au-dessous de la chapelle de la première soupape; celle-ci n'est autre qu'une boule en cuivre de 28 millimètres de diamètre, parfaitement tournée et reposant sur un siége en bronze dont le bord est fraisé sphérique, pour qu'elle puisse s'y asseoir bien exactement. Mais pour limiter son jeu et en même temps pour qu'elle s'élève toujours verticalement et qu'elle puisse retomber sur son siége de manière à fermer bien hermétiquement le passage qu'elle doit boucher, on la renferme dans une fourchette ou guide en cuivre à quatre branches qui a la forme de celle qu'on voit sur le détail (fig. 38). Cette fourchette repose par l'extrémité de ses branches sur le siége même de la soupape, et comme à cette extrémité elles forment saillie, il en résulte que, quand le siége est réuni au corps de la chapelle, ces saillies se trouvent serrées entre elles deux et maintiennent le guide dans une position invariable. La soupape de sortie placée dans une chapelle au-dessus est également sphérique et joue aussi, comme la première, dans un guide à fourchette que l'on maintient facilement en place au moyen d'une vis de pression. Cette vis traverse le couvercle qui ferme la chapelle, et que l'on peut retirer au besoin pour visiter l'intérieur et reconnaître si les soupapes et leur siége sont en bon état. Le conducteur de la machine peut d'ailleurs, sans bouger de place, s'assurer si la pompe et les soupapes fonctionnent bien, parce qu'il a à sa portée une tringle en fer d^3, laquelle communique à un robinet e^3 placé vers la partie inférieure d'un tuyau très petit, adapté contre l'extrémité du corps de pompe. Ainsi, en ouvrant ce robinet, il doit sortir par le bout supérieur du tuyau, une portion de l'eau refoulée par le piston; si donc il n'en sort pas, on doit en conclure que la pompe n'est pas en état. Le tuyau D^1, placé au-dessus de la pompe, est destiné à amener l'eau dans la chaudière, à mesure qu'elle est chassée par le piston, ce tuyau est aussi en cuivre rouge et muni d'un robinet que l'on ouvre au degré convenable.

Le tuyau d'aspiration A^1 est aussi muni d'un robinet b^2 (pl. 1 et 2) dont la tige b^3 s'élève verticalement jusqu'au-dessus du pont du machiniste, afin qu'au moyen de la poignée dont elle est armée, il puisse ouvrir ou fermer ce robinet, suivant qu'il le juge nécessaire. Comme la pompe doit puiser son eau dans le *tender* T', dont on voit une faible partie sur les deux premières planches, il est très essentiel de prolonger le tuyau d'aspiration jusqu'au-dessous de celui-ci; ce prolongement se faisait jusqu'ici par des tuyaux en tissu de chanvre, ou en cuir, garnis intérieurement d'un ressort à boudin comme les tuyaux de pompes à incendie. Dans la Jackson, comme dans plusieurs autres machines qui font le service du chemin de fer de Saint-Germain, les constructeurs ont fait l'application de *tuyaux de raccords* qui sont entièrement en cuivre ; ces tuyaux sont représentés en plan et en coupe verticale sur les fig. 24 et 25 de la pl. 6. Ils se composent :

1° D'un tube extérieur B^1, alézé intérieurement, et terminé d'un bout, à droite des figures, par une boîte à étoupes, et de l'autre par une bride circulaire très forte et assez épaisse pour pouvoir être en partie alézée avec une fraise syphérique.

2° D'un tube intérieur B^2, qui, à droite, est terminé par une sphère, et à gauche par une rondelle rivée sur son extrémité, après qu'on l'a entré dans le tube extérieur B^1. Comme on a ménagé dans celui-ci, du côté de la boîte à étoupes, une saillie qui forme une portée cylindrique du diamètre même du tube B^2, on conçoit déjà que l'on pourra faire glisser celui-ci dans l'intérieur du premier, comme un piston dans un corps de pompe, sans cependant que le frottement soit bien grand, puisque le contact n'a lieu que sur deux parties très étroites.

Dans la partie sphérique du premier tube B^1, s'ajuste une boule creuse qui est fondue avec la tubulure c^3 ; et au moyen d'une bride en cuivre semblable à celle qui est détaillée fig. 29, on maintient la boule contre le tube, sans cependant l'empêcher de tourner dans tous les sens sur elle-même ; car la tubulure peut prendre toute espèce d'inclinaison, par rapport à l'axe des tubes, sans que la direction de ceux-ci soit changée. Or, l'autre extrémité de cette tubulure est disposée pour se lier au tuyau d'admission A^1 ; ainsi, après l'avoir introduite dans l'anneau à poignées que l'on voit en détail fig. 27, lequel est fileté intérieurement d'un pas assez fin pour servir à se visser sur le bout du tuyau, on ajuste sur sa circonférence une rondelle en cuivre semblable à celle qui est détachée fig. 26 ; dès que cette rondelle est placée sur la gorge peu profonde que l'on a formée sur la tubulure, elle s'y trouve maintenue par l'anneau à poignées et ne peut en sortir ; par cela même elle empêche l'anneau de s'échapper : c'est alors qu'on peut le visser autour du bout fileté du tuyau d'admission.

L'autre extrémité du tube de raccords est disposée de même pour son assemblage avec la portion de tuyau qui se rend au fourgon d'approvisionnement. On conçoit alors que, dès que l'assemblage de ces tubes est fait, et qu'ils sont en place, comme nous l'avons supposé dans les pl. 1, 2 et 5; l'eau aspirée du tender par la pompe alimentaire pourra passer à travers ces tubes comme s'il n'y avait qu'un seul tuyau, et s'il arrive, pendant la marche du convoi, que la machine éprouve des secousses qui tendent à déranger la position des tuyaux, ceux-ci, pouvant obéir à un mouvement descensionnel ou ascensionnel, comme ils peuvent se rallonger ou se raccourcir, n'en conduiront pas moins l'eau à la pompe. Pour maintenir ces tuyaux de raccords en suspension, le tube extérieur B^1 est embrassé par une bride en fer en deux parties que l'on voit représenté sur la fig. 28, et qui se fixe à l'arrière de la machine, comme nous l'avons figuré sur les pl. 1 et 2.

NIVEAU D'EAU.

Le conducteur de la machine a deux moyens de reconnaître quel est le niveau de l'eau dans la chaudière, le premier consiste en un tube en verre J^1 dont les deux extrémités sont ajustées dans des tubulures en cuivre qui sont fixées sur la chaudière, avec l'intérieur de laquelle elles mettent le tube en communication; le milieu de ce tube correspond à peu près au niveau habituel de la chaudière; mais soit à cause des secousses que la machine éprouve, soit à cause des bouillonnements de l'eau dans le tube, on conçoit que ce niveau est toujours incertain; car il est constamment en mouvement : il ne sert donc que pour avoir une indication approximative du niveau. On emploie alors un second moyen de vérifier le niveau qui est plus sûr et plus exact : on applique sur la chaudière trois robinets L^1, L^2, L^3, qui sont placés à des hauteurs différentes; le premier, le plus élevé, doit toujours donner de la vapeur quand il est ouvert, et les deux autres doivent donner de l'eau : ainsi, lors même que le dernier robinet L^3, en faisant l'épreuve, donnerait de l'eau, il faudrait encore ouvrir le deuxième robinet L^2 pour être certain qu'il en donne également; s'il sort de la vapeur, on en conclut que le niveau est trop bas et alors il faut activer l'alimentation; si au contraire, en ouvrant le premier robinet L^1 il sort de l'eau, on en conclut que le niveau est trop élevé, et par conséquent on doit diminuer l'alimentation.

ROBINETS DE VIDANGE.

Lorsque l'on a besoin de vider la chaudière, on ouvre les deux gros robinets K^1 qui sont placés à la partie inférieure du 2e compartiment C; ces robinets sont représentés dans la vue de bout, pl. 3; on voit qu'ils communiquent tout à fait avec le fond de la chaudière, afin que l'on puisse vider celle-ci complètement.

SOUPAPES DE SURETÉ.

Sur la chaudière des machines locomotives, comme, en général, sur toutes les chaudières à vapeur, on exige l'application de deux soupapes de sûreté, dont l'une F^1, n'est pas à la disposition du chauffeur, et pour cela elle est renfermée dans un long tuyau G^1, qui s'élève au-dessus de la chaudière (*Voyez* pl. 1 et 2). Cette soupape n'est pas, comme les soupapes ordinaires, chargée d'un poids proportionnel à la pression qui a lieu sur la surface (on conçoit que, dans une locomotive, l'application d'un contre-poids serait difficile); mais on y place un certain nombre de ressorts, qui de deux en deux se présentent leur forme concave; ces ressorts traversés à leur milieu par une tige centrale, sur laquelle réagit leur force élastique sont, guidés par deux tiges verticales qui, à leur partie inférieure, sont fixées sur le siége même de la soupape, et à leur partie supérieure elles sont réunies par une traverse qui presse sur ces ressorts. Il suffit de serrer les deux écrous qui sont taraudés sur ces tiges, afin de régler la tension de ces mêmes ressorts, à un degré convenable pour équilibrer la pression intérieure de la vapeur sur la soupape. Dans la Jackson, cette pression est réglée à 60 livres par pouce carré anglais, ce qui équivaut à $4^k,04$ par centimètre carré, ou 3,91 atmosphères.

La seconde soupape de sûreté F^2, est placée sur le sommet du dôme en cuivre F; la pression sur cette soupape se fait au moyen d'un long levier h^3, dont le point d'oscillation est sur le rebord même du vase en cuivre H^2, qui sert de siége à la soupape. L'extrémité de ce levier est traversée par une tige verticale i, dont le bout supérieur est taraudé, et dont le

bout inférieur est attaché à un ressort à boudin renfermé dans un tube,
qui, du côté du machiniste, est couvert par une règle graduée. Au moyen
d'un écrou, que l'on fait descendre ou monter sur la tige, on tend ou
l'on détend à volonté le ressort, et par conséquent on arrive à régler la
pression qui doit s'exercer à l'extrémité du levier, et par suite sur la
soupape. La partie inférieure du ressort à boudin est fixée à une autre
petite tige i^4, qui descend verticalement pour s'attacher à charnière au
support fixe en fer K^3, adapté sur la chaudière. On a eu le soin d'assembler
sur cette tige i^4 une aiguille qui, en se promenant sur la règle, indique
au conducteur le degré de pression de la vapeur. Ainsi s'il trouve nécessaire
de diminuer la tension, il lui suffit de desserrer l'écrou qui presse sur le
levier, afin de laisser échapper la vapeur, de même qu'il en augmentera
la tension en faisant l'opération inverse.

SIFFLET.

Le sifflet placé sur le dôme F de la chaudière, à la portée du conducteur, a pour objet d'annoncer le départ et l'arrivée du train, et plus
particulièrement de prévenir au loin, pour éviter toute espèce d'accident.
On est vraiment étonné de l'étendue du son vif et aigu du sifflet; aussi
son adoption est-elle commune à toutes les machines locomotives importées d'Angleterre, et en activité sur le chemin de fer de Paris à
Saint-Germain.

Le sifflet de la Jackson (*Voy*. sa coupe longitudinale, fig. 3o, pl. 6.)
se compose d'une tubulure, portant, vers le milieu de sa longueur,
un robinet pour la mettre en communication avec l'intérieur du dôme,
et terminée par un disque enveloppé d'une virole cylindrique, pour
former réservoir. On a conservé entre le disque et la virole, à leur
partie supérieure, un espace circulaire d'un millimètre au plus; au-
dessus, une petite cloche S^2, dont on règle à volonté l'écartement,
termine l'appareil du sifflet. Si le conducteur manœuvre la poigné s^4,
pour ouvrir le robinet, aussitôt la vapeur se précipite dans la tubulure
et se répand, par des petites ouvertures pratiquées vers sa partie supérieure, dans l'espèce de réservoir que forme l'enveloppe cylindrique,

au-dessous du disque; mais la vapeur affluant avec toute son intensité, cherche à s'échapper par l'espace, extrêmement étroit, conservé entre le disque et son enveloppe, et c'est la résistance qu'éprouve la vapeur à s'échapper par une issue aussi retrécie, qui produit ce sifflement vif et aigu, dont l'intensité est encore aiguillonnée par la petite cloche S^t, en métal extrêmement mince, contre laquelle le son se comprime d'abord pour se répandre aussitôt avec éclat.

§ VI.

Bâtis de la machine.

CADRE EXTÉRIEUR.

La machine est entourée d'un cadre, dont le principal objet est de supporter la plus grande partie de la charge, en même temps qu'il sert de barrière pour prévenir tous les chocs qui pourraient la détériorer.

Lié à la chaudière par trois forts supports en fer V^2, boulonnés solidement sur chacun des grands côtés, le cadre porte directement la chaudière, et par suite le foyer, la cheminée, la vapeur, l'eau, le plancher du chauffeur, les cylindres, les pistons, les robinets, les soupapes, enfin tout le poids de l'appareil, à l'exception des roues, des essieux, des bielles et de quelques autres pièces mobiles de transmission.

Le cadre M^1 est de forme rectangulaire; les grands côtés sont de forts madriers, renforcés dans toute leur longueur par des bandes de fer battu, pour les consolider, et des boulons, placés de distance en distance, les réunissent invariablement.

Le côté du cadre sur l'avant, est une seule pièce de bois de forte dimension, vers le milieu de laquelle est fixé un boulon P^1, pour la liaison du tender avec la machine. La traverse Q^2, qui est ajustée à douille sur ce boulon P^1 et sur le boulon P^2, fixé au tender, établit cette réunion. Ordinairement le plancher H du chauffeur, sur la locomotive, et celui du tender, sont de niveau, et assez prolongés pour se confondre;

dans le cas contraire, une plaque de tôle rapportée forme cette jonction.

Le côté du cadre sur l'arrière est composé de deux forts madriers accolés l'un à l'autre. Dans l'anneau d'un boulon O', qui les traverse vers le milieu, et qui s'y trouve solidement maintenu par une clavette, est suspendue une chaîne, servant à l'attelage de la locomotive lorsqu'elle est fixée à la suite du convoi. Aux extrémités de ces madriers sont placés deux tampons N', destinés à affaiblir tout choc qui résulterait de la rencontre d'un train ; ces tampons sont en cuir, rembourrés intérieurement en crin ; des bagues en cuivre, placées de distance en distance, tendent extérieurement le cuir, et compriment le crin pour lui donner de l'élasticité.

Enfin, sur les grands côtés du cadre, vers les essieux, sont solidement boulonnées quatre grandes fourchettes en fer battu M', à l'aide desquelles le cadre repose sur les extrémités des essieux. L'écartement de ces fourchettes est maintenu invariablement par de longues tringles en fer rond U' liées, d'une part, aux extrémités des fourchettes, et de l'autre, boulonnées aux petits côtés du cadre.

Nous allons expliquer maintenant la disposition que l'on a adoptée pour diminuer l'effet de détérioration de tout choc, adoucir le frottement des essieux, et donner de l'élasticité aux secousses que la locomotive peut recevoir dans sa marche progressive. Nous savons déjà que le cadre repose sur les extrémités des essieux ; la charge, reposant ainsi sur quatre points, se trouve également répartie.

Le frottement des essieux agit supérieurement sur un fort coussinet en bronze m' ajusté à coulisse dans chacune des quatre fourchettes M'. Ce coussinet est traversé en partie par une tige cylindrique n' (*Voy.* les coupes d'une fourchette M', fig. 39 à 41, pl. 7) qui, s'élevant dans l'épaisseur du cadre, vient traverser à leur centre chacun des quatre ressorts N'. Des supports en fer O' placés, pour les grandes roues, au-dessus du cadre, et pour les petites roues, en dessous, sont fixés à rotation sur les fourchettes, et réunissent les extrémités de ces ressorts, de manière cependant à se prêter à leur élasticité. Les lames de ces ressorts, encagées dans une boîte en fer, portent chacune une coulisse qui s'engage dans un petit tenon que porte chaque lame immédiatement supérieure, ce qui les force à rester dans le même plan.

Il y a bien des soins à prendre pour la construction de ces ressorts. Les lames, d'égale épaisseur vers le milieu, s'amincissent vers les extrémités, qui sont régulièrement étagées sous forme d'une courbe régulière, de manière à ce que la secousse se répartisse également sur ces lames sans risquer la rupture de l'une d'elles.

Cette disposition des tiges n^3, placées au-dessus des coussinets qui recouvrent la moitié supérieure des essieux, et venant traverser les ressorts à leur centre, est bien ingénieuse, car elles tendent constamment à bander les ressorts de bas en haut, par l'effet d'un soulèvement, en opposition directe avec le poids, qui tend à comprimer les ressorts de haut en bas. Ainsi l'effet d'une secousse qu'éprouverait la locomotive sur les rails, serait entièrement affaibli, parce que cette secousse agissant sur les quatre coussinets supérieurs des essieux, serait complètement amortie par sa réaction sur les ressorts, et aussitôt après, en retombant pour reprendre son contact primitif, le cadre, au lieu d'éprouver une chute brusque sur ses appuis, descendrait de lui-même par le glissement des coussinets dans la rainure des fourchettes.

Comme on le voit, tout le frottement des essieux en tournant avec les roues, a lieu sur les quatre coussinets supérieurs m^3, frottement d'ailleurs bien adouci par la graisse qui, placée dans les cavités ou réservoirs au-dessus de ces coussinets, s'écoule continuellement sur les tourillons, par les petits canaux que l'on remarque (pl. 7, fig. 39 à 42). Les coussinets inférieurs, qui sont en bois, et réunis aux premiers par un boulon, n'ont d'autre objet que de maintenir invariablement les tourillons des essieux dans la coulisse des fourchettes.

Dans ce qui précède on peut se rendre compte de la liaison du cadre avec les essieux; on peut aussi, à l'inspection de la planche 2, comprendre comment le plancher H du chauffeur est fixé à la chaudière, et est supporté par le côté d'arrière du cadre.

GRANDES TRAVERSES.

Pour compléter cet assemblage de la chaudière avec le bâtis de la machine, on a eu le soin de placer, sous la première, quatre longues traverses X', qui se composent de deux fortes bandes en fer méplat, laissant entre elles un espace de cinq centimètres. Ces traverses servent, d'une part, à lier les deux compartiments de la chaudière, et d'un autre côté, à porter les coulisseaux des guides des deux pistons à vapeur; ils servent également à maintenir l'essieu moteur, de chaque côté des manivelles, et à cet effet, on peut voir par le plan fig. 7, et par les détails fig. 43 à 45 (pl. 7), que l'on a disposé ces traverses pour recevoir des coussinets en bronze, lesquels embrassent les collets de l'arbre, qui est exactement tourné dans toutes ses parties; mais comme ces coussinets sont plutôt susceptibles de subir une forte pression latérale, qu'une *charge verticale,* on conçoit facilement que l'usure doit plutôt se faire sur les côtés qu'en dessus ou en dessous; c'est pourquoi leur jonction se fait dans un plan vertical, et on peut les rapprocher au moyen de deux boulons qui traversent leurs oreilles. Afin d'être certain de placer les coussinets dans chacune des traverses, de manière que leurs centres se trouvent tous sur une même ligne droite qui correspond exactement à l'axe de l'essieu, on a placé derrière chaque coussinet un coin en fer qui, d'une part, s'appuie contre une partie fixe de l'espèce de fourchette formée à la traverse, et, de l'autre, presse contre le coussinet. Ce coin est terminé inférieurement par une tige taraudée, laquelle traverse une plaque de fer que l'on a boulonnée aux extrémités de la fourchette, de sorte qu'au moyen d'un écrou on peut tirer le coin de haut en bas, et l'obliger par cela même à pousser le coussinet; un contre-écrou, placé au-dessus de la même plaque, sert ensuite à maintenir le coin en place. On conçoit d'après cela, que si on avait besoin de repousser le centre des coussinets de gauche à droite, par exemple, il suffirait de desserrer le coin de droite d'une certaine quantité, c'est-à-dire de détourner les écrous qui le fixent, afin de le rendre libre, puis de rappeler l'autre coin de haut en bas, au moyen de ses écrous.

Telle est la description détaillée de la machine locomotive à quatre roues de Jackson. Nous avons cru devoir nous étendre un peu longuement sur cette description, afin d'être compris, autant que possible, de la plupart des personnes qui ne connaissent pas encore la construction des locomotives. De cette manière, nous espérons, pour les diverses machines que nous publierons, donner une description beaucoup plus rapide, nous proposant de faire voir principalement les parties qui n'ont pas de rapport avec celles déjà étudiées dans la première. Nous allons maintenant faire connaître les dimensions des pièces principales qui constituent cette machine; puis nous essaierons d'en expliquer le mouvement, et nous entrerons ensuite dans des détails sur le calcul de sa force et des résultats que l'on peut en obtenir.

§ VII.

Dimensions des pièces principales de la locomotive *la Jackson*.

DIMENSIONS DU FOYER.

Largeur du foyer (prise dans le sens de la largeur de la machine), = 1 m. 076

Longueur du foyer, = 0 m. 570

Section horizontale du foyer ou surface totale de la grille, = 0m. q. 613

Longueur de l'un des barreaux de la grille. = 0 m. 570

Épaisseur de l'un de ces barreaux. = 0 m. 027

Nombre de barreaux lorsque l'on chauffe au coke, = 11

Largeur de l'espace vide entre deux barreaux, = 0 m. 06

Longueur dudit espace, = 0 m. 505

Nombre d'espaces vides, = 12

Surface des espaces vides, = 0 m. q. 364

Hauteur du coke au-dessus de la grille pendant la marche régulière de la machine, = 0 m. 45

Volume du coke contenu dans le foyer, = 0 m. c. 276

Hauteur moyenne du foyer depuis le dessus de la grille jusqu'à la partie supérieure, = 0 m. 82

Volume du foyer intérieurement, = 0 m. c. 503

OBSERVATIONS.

Des dimensions précédentes nous pouvons remarquer :

1° Que la surface de la grille est égale à un peu plus des 3/5 d'un mètre carré ;

2° Que la surface de la partie vide qui donne passage à l'air est presque égale aux 6/10 de la surface totale de cette grille ;

3° Que le volume intérieur du foyer est d'un demi-mètre cube ;

4° Que le volume ordinaire du coke dans le foyer est de = 0 m. c. 276

5° Que par conséquent le rapport du volume du coke à celui du foyer est égal aux 55/100.

DIMENSIONS DE LA CHAUDIÈRE ET DE SES ACCESSOIRES.

Diamètre intérieur de la partie cylindrique de la chaudière, = 0 m. 965

Longueur *idem*, = 2 m. 000

Diamètre de la partie demi-cylindre qui environne le foyer, = 1 m. 240

Longueur de la partie *idem*, = 0 m. 750

Hauteur depuis le centre de cette partie demi-cylindrique jusqu'au bas du foyer au-dessous de la grille, = 0 m. 870

SURFACE DE CHAUFFE.

La surface de *chauffe* de la machine se compose :

1° De la surface totale intérieure du foyer qui donne de la chaleur *rayonnante* ;

2° De la surface totale intérieure des 82 tubes qui donnent de la chaleur par *communication*.

La surface du *foyer* se compose de :

1° La surface du côté des tubes (1m. 076×0,95), = 1 m. q. 022

2° La face supérieure au dessus de la grille, = 0 m. q. 613

3° La surface extérieure du côté de la porte, = 0 m. q. 910

4° Les surfaces latérales dans la longueur du foyer, = 1 m. q. 083

Ainsi la surface totale du foyer, = 3 m. q. 628

La surface des tubes se compose de :

82 tubes ayant chacun de longueur, = 2 m. 100

— de diamètre intérieur, = 0 m. 039

— de diamètre extérieur, = 0 m. 044

Alors la surface d'un tube intérieurement, = 0 m. q. 251

Par conséquent celle des 82 tubes, = 20 m. q. 582

Ajoutant ensemble la surface du foyer et la surface des tubes, on a pour la surface de chauffe entière, = 24 m. q. 210

Mais comme, d'après les expériences de R. *Stephenson*, un mètre carré de surface de chauffe par communication ne peut produire qu'une quantité de vapeur égale au tiers seulement de celle formée par un mètre carré de surface rayonnante, nous pouvons réduire cette surface totale à

$$3 \text{ m. q. } 628 + \frac{20.582}{3} = 10 \text{ m. q. } 489$$

CAPACITÉ DE LA CHAUDIÈRE POUR L'EAU ET LA VAPEUR.

La capacité de la chaudière comprend :

1° La capacité de la partie cylindrique moins les tubes et le tuyau de vapeur, = 1 m. c. 184

2° La capacité de toute la partie qui environne le foyer, = 0 m. c. 630

3° La capacité de la cloche placée sur la chaudière, directement au-dessus du foyer, moins le tuyau d'admission de vapeur, = 0 m. c. 030

Volume total occupé par l'eau et la vapeur, = 1 m. c. 844

Le niveau moyen de l'eau dans la chaudière est à environ 0 m. 185 au dessus de l'axe de sa partie cylindrique.

Ainsi le volume occupé par la vapeur dans la chaudière, sans y comprendre le tuyau d'admission, est, $= 0$ m. c. 60

On voit donc que le volume occupé par la vapeur est environ le tiers du volume total de la chaudière.

ÉPAISSEURS DES CUIVRES ET TOLES QUI COMPOSENT LE FOYER, LA CHAUDIÈRE ET LA CHEMINÉE.

Épaisseur de la plaque de cuivre du foyer qui reçoit l'assemblage des tubes, $= 22$ mill.

Épaisseur des autres plaques de cuivre dudit assemblage, $= 15$ mill.

Épaisseur des tubes de cuivre, $= 3$ mill.

Épaisseur des tôles qui enveloppent le foyer, $= 12$ mill.

Épaisseur de la partie cylindrique de la chaudière, $= 11$ mill.

Épaisseur de la plaque de tôle qui reçoit l'autre extrémité des tubes, $= 16$ mill.

Épaisseur des tôles qui enveloppent les cylindres à vapeur, $= 7$ mill.

Épaisseur des tôles de la cheminée, $= 7$ mill.

DIMENSIONS DE LA CHEMINÉE.

Hauteur de la cheminée au dessus de la chaudière, $= 2$ m. 150

Hauteur de la partie qui pénètre dans la chaudière, $= 0$ m. 135

Ainsi la hauteur entière de la cheminée, $= 2$ m. 285

Diamètre intérieur de la cheminée, $= 0$ m. 330

Section intérieure *idem*, $= 0$ m. q. 0855

Rapport de la section de la cheminée à la surface de la grille, $= \frac{0.0855}{0.6133} = 0$ m. 139

C'est-à-dire que la section de la cheminée est environ $\frac{1}{7}$ de la surface totale de la grille, et $\frac{1}{4}$ de l'espace vide qui existe entre les barreaux.

TUYAUX DE VAPEUR.

Diamètre intérieur du grand tuyau qui amène la vapeur dans les deux cylindres, $= 0$ m. 110

Section intérieure dudit, $= 95$ c. q.

Diamètre extérieur *idem*, $= 0$ m. 120

Diamètre intérieur de chaque tuyau d'admission de vapeur dans les cylindres, $= 0$ m. 072

Section intérieure dudit, $= 0$ m. q. 0407

Diamètre intérieur de l'extrémité supérieure du tuyau de sortie de vapeur, $= 0$ m. 060

Section intérieure dudit, $= 28$ c. q. 4

DIMENSIONS DES PISTONS ET CYLINDRES A VAPEUR.

Diamètre des pistons à l'extérieur des bagues, = 0 m. 282
Course de chaque piston, = 0 m. 410
Diamètre des corps des pistons, = 0 m. 275
Épaisseur totale des pistons, = 0 m. 115

Épaisseur des deux bagues, = 0 m. 065
Diamètre de la tige en fer, = 0 m. 040
Longueur totale de la tige du piston, depuis sa base extérieure jusqu'à son point d'attache avec sa bielle, = 0 m. 987

CYLINDRES A VAPEUR.

Diamètre des cylindres à vapeur, = 0 m. 282
Surface de la section intérieure d'un cylindre, = 624 c. q. 26
Longueur intérieure entre les fonds, = 0 m. 540
Longueur extérieure des cylindres, = 0 m. 650
Distance entre les deux cylindres d'un centre à l'autre, = 0 m. 784
Volume total intérieur des cylindres, = 33 déc. c. 75
Volume de vapeur à chaque coup de piston, ou capacité du cylindre calculée en mul-

tipliant la section par la course du piston, = 25 déc. c. 6
Largeur des orifices d'entrée de vapeur, = 0 m. 028
Longueur *idem*, = 0 m. 1445
Largeur des orifices de sortie de vapeur, = 0 m. 030
Longueur *idem*, = 0 m. 1445
Surface des orifices d'entrée de vapeur, = 40 c. q. 46
Rapport de la section de l'orifice de vapeur à la section du cylindre = 0,064 ou environ, = $\frac{1}{16}$

BIELLES.

Longueur de chaque bielle de centre en centre, = 1 m. 026

Ainsi la longueur de la bielle est égale à cinq fois la longueur de la manivelle.

Diamètre du corps de la bielle au milieu, = 0 m. 050
Diamètre de la traverse en fer qui forme la jonction de la bielle avec la tige du piston, = 0 m. 047

ESSIEU OU ARBRE COUDÉ FORMANT MANIVELLES.

Diamètre du corps de l'arbre, = 0 m. 110
Longueur des manivelles, = 0 m. 205
Diamètres des tourillons qui

s'assemblent avec les bielles, = 0 m. 115
Diamètres des tourillons renfermés dans les coussinets, = 0 m. 115

Diamètre de l'arbre dans la partie qui reçoit les grandes roues, = 0 m. 125
Épaisseur du vilebrequin, = 0 m. 094

Largeur *idem*, = 0 m. 138
Section transversale d'un vilebrequin, = 0 m. q. 130

GRANDES ROUES.

Diamètre extérieur des deux grandes roues au contact des rails, = 1 m. 530
Diamètre extérieur du moyeu en fonte, = 0 m. 455
Diamètre du trou, = 0 m. 125
Longueur du moyeu, = 0 m. 204
Largeur de la jante, y compris le rebord saillant, = 0 m. 118
Épaisseur de la jante en fer sans le rebord extérieur, = 0 m. 028
Hauteur de la saillie de ce rebord, = 0 m. 034
Épaisseur de la jante en fer qui est embrassée par la jante à rebord, = 0 m. 018
Par conséquent l'épaisseur des deux jantes réunies, = 0 m. 046
Et en comprenant l'épaisseur de la portion de jante intérieure forgée avec les bras, on trouve que l'épaisseur totale de la couronne des roues (sans les rebords), est de = 0 m. 067
Nombre de bras ou rayons, = 14
Diamètre de ces bras vers le moyeu, = 0 m. 058
Diamètre *idem* vers la jante, = 0 m. 048
Circonférence exacte des grandes roues, = 4 m. 808

PETITES ROUES.

Diamètre des petites roues au contact des rails, = 1 m. 050
Largeur de la jante, = 0 m. 118
Épaisseur de la jante en fer sans le rebord, = 0 m. 028
Épaisseur de la jante milieu, = 0 m. 018
Hauteur de la saillie ou rebord, = 0 m. 034
Épaisseur des deux jantes réunies, = 0 m. 046
Nombre de bras ou rais, = 11

Diamètre de ces bras vers le moyeu, = 0 m. 052
Diamètre *idem* vers la jante, = 0 m. 044
Circonférence extérieure, = 3 m 30
Rapport de vitesse des grandes roues aux petites roues, = 1,46
Distance du centre d'une grande roue à celui d'une petite sur l'horizontale, = 1 m. 530
Distance du milieu de la jante d'une roue à celle de sa parallèle. (*Voyez* fig. 3, pl. 3), = 1 m. 480

ARBRE QUI PORTE LES PETITES ROUES.

Diamètre du corps de l'arbre, = 0 m. 100
Diamètre de la partie qui porte les roues, = 0 m. 110
Diamètre des tourillons, = 0 m. 090
Largeur de ces tourillons, = 0 m 108

POMPES ALIMENTAIRES.

Diamètre du piston de l'une des pompes alimentaires, = 0 m. 044

Section de ce piston, = 15 c. q. 20

Course du piston, = 0 m. 410

Volume d'un corps de pompe pour chaque coup de piston, = 0 déc. c 62

Par conséquent le volume total de l'eau que les deux pompes peuvent envoyer dans la chaudière à chaque demi-tour de roue, = 1 déc. c 24

Diamètre du boulet ou soupape d'aspiration, = 0 m. 028

Diamètre de l'ouverture du siége de cette soupape, = 0 m. 022

Diamètre intérieur du tuyau d'aspiration, = 0 m. 030

Diamètre de la soupape de sûreté, = 0 m. 034

Diamètre de l'ouverture du siége de cette soupape, = 0 m. 024

Diamètre intérieur du tuyau de sortie, = 0 m. 030

SOUPAPES DE SURETÉ.

Diamètre de la plus petite base, = 0 m. 070

Diamètre de la plus grande *idem*, = 0 m. 090

Surface de l'ouverture intérieure, — 38 mill. q. 48

Longueur du levier depuis le point d'appui jusqu'au centre de la soupape, = 0 m. 080

Longueur totale du levier depuis le point d'appui jusqu'au point de suspension du ressort, = 0 m. 540

Rapport des deux parties du levier, = $\frac{1}{6,75}$

DIMENSIONS EXTÉRIEURES DE LA LOCOMOTIVE.

Largeur de la locomotive à l'extérieur du foyer, = 1 m. 250

Largeur *idem* à l'extérieur du cadre, = 1 m. 93

Largeur totale de la machine, = 2 m. 00

Hauteur de la machine depuis le plan horizontal tangent aux rails jusqu'au point supérieur de la chaudière sans la cheminée, = 2 m. 052

Longueur de l'extérieur des cylindres à l'extérieur du foyer, = 3 m. 435

Longueur totale de la machine sans les tampons, = 4 m. 615

§ VIII.

Mouvement général de la machine.

JEU DES PIÈCES MOBILES.

Maintenant que nous avons étudié en détail toutes les parties de cette locomotive, pour laquelle nous avons cru devoir étendre nos explications, nous allons essayer d'en suivre la manœuvre. Déjà nous avons vu que le machiniste et le chauffeur qui l'accompagnent, sont placés à l'arrière de la machine, le premier pour diriger sa marche, le second pour alimenter le foyer. Nous allons donc supposer que la machine soit au moment de son départ; ainsi la chaudière est remplie d'eau à la hauteur convenable, celle que nous avons indiquée sur la coupe longitudinale; le foyer a sa charge ordinaire de combustible incandescent, à la hauteur de $0^m 45$ environ au-dessus du niveau de la grille, et la vapeur est formée en quantité suffisante, et à une pression assez élevée pour faire acquérir à la machine sa vitesse de régime, avec une charge déterminée. Le conducteur, pour mettre en train, ouvre d'abord, d'une faible quantité, le robinet d'admission de vapeur J, puis, ayant débrayé les tringles des excentriques, il s'applique aux manettes $p' p^2$, pour manœuvrer à la main les tiroirs de distribution, afin de laisser entrer de la vapeur alternativement dans les cylindres de chaque côté des pistons; cette vapeur ne tarde pas à se précipiter dans le tuyau de sortie, entraînant avec elle l'air qui pouvait se trouver dans les boîtes et dans les cylindres; ceux-ci sont, par cela même, chauffés à un degré assez élevé pour que la nouvelle vapeur, qui doit opérer le mouvement de la machine, ne s'y condense pas. Aussitôt cette première opération terminée, ce qui ne dure que quelques instants, le conducteur fait embrayer les tirans d'excentriques $U U'$, en même temps qu'il dispose ces derniers au moyen de la pédale v', de manière à ce que, par leur position, ils déterminent le mouvement progressif de la machine (nous avons vu précédemment que pour cela, il fallait que les excentriques fussent placés comme ils sont tracés dans le dessin, fig. 7). La machine, alors, ne tarde pas à s'avancer; le conducteur ouvrant davantage le robinet d'admission J, la vapeur se précipite dans les boîtes de distribution; de là, elle se rend dans les cylindres à gauche ou à droite des pistons, suivant que l'un ou l'autre des orifices d'entrée $t t'$ est laissé à découvert par les tiroirs.

Pour rendre l'explication du jeu de la machine plus facile, nous avons admis que, pour chaque cylindre, les tiroirs soient placés de telle sorte, qu'ils puissent fermer exactement les orifices d'introduction de vapeur, au moment où le piston moteur correspondant est arrivé à l'une ou à l'autre des extrémités de sa course, comme on le fait généralement dans les machines à vapeur fixes ordinaires (1); c'est ainsi que nous avons fait les tracés représentés fig. 8 et 9, pl. 5.

Nous avons aussi vu plus haut que les coudes ou manivelles de l'essieu moteur sont disposées à angle droit, afin d'obtenir une puissance à peu près régulière, parce que de cette disposition, il résulte que lorsque l'un des pistons est à l'extrémité de sa course, l'autre, au contraire, est au milieu de la sienne. Si nous admettons donc que la machine soit dans cet état au moment de son départ, nous reconnaîtrons facilement que, dans la position que nous avons représentée sur la coupe, fig. 2, la vapeur qui se précipite dans la boîte de distribution peut se rendre dans le cylindre qui est vu en coupe sur cette figure, en entrant par l'orifice t. Elle pousse donc le piston de gauche à droite, et par suite la bielle et la manivelle, tirées dans le même sens, déterminent le mouvement de rotation de l'essieu moteur, et par conséquent des grandes roues; et comme ce mouvement s'opère dans le sens indiqué par la flèche, on voit que la machine doit nécessairement s'avancer. Mais pendant que la vapeur entre ainsi à gauche du piston, celle qui était à sa droite, trouvant issue par les orifices $t'\,t^2$, que le tiroir laisse en communication, se précipite dans le tuyau de sortie M, et de là dans la cheminée, où, comme nous l'avons dit, elle détermine une aspiration, qui est d'autant plus grande, qu'elle s'y lance avec plus de vitesse; de là résulte un tirage très actif, et favorable à la combustion. Le mouvement se continue ainsi jusqu'à ce que le piston, que nous considérons, soit arrivé à l'extrémité de sa course; mais quand il est à ce point, celui du deuxième cylindre est arrivé au milieu de sa course, et il va recevoir à son tour toute la pression de la vapeur, mais en sens contraire, parce que cette vapeur arrivant vers la gauche, pousse par conséquent le piston vers la droite; c'est du reste ce qui doit avoir lieu, pour que la rotation des roues se continue. Il est facile de concevoir maintenant comment les excentriques, entraînés

(1) Nous devons faire remarqner que le plus souvent les machines sont réglées avec une certaine *avance de tiroirs*, et qu'ainsi ces deruiers ont déjà commencé à ouvrir quand le piston est à l'extrémité de sa course, nous verrons plus loin de quelle influence est l'avance des tiroirs dans la marche de la machine.

dans la révolution de l'essieu, font alternativement changer les tiroirs de place, et opérer la·distribution dans la direction convenable; car, comme nous avons supposé les excentriques placés, chacun de leur centre se trouve sur une perpendiculaire à la direction de leur manivelle correspondante. Ainsi, quand une de ces manivelles est dans une position verticale, par exemple, ce qui suppose que le piston est au milieu de sa course, l'excentrique correspondant à cette manivelle a son centre placé sur la ligne horizontale passant par l'axe de l'arbre; il en résulte donc que le tirant de cet excentrique se trouve le plus avancé possible vers la droite; par conséquent, les doubles leviers liés à ce tirant se trouvent dans la direction qu'on leur a donnée fig. 2. Ainsi les tiroirs doivent nécessairement occuper la place qu'on leur voit sur ces figures, c'est-à-dire, qu'ils laissent ouvert d'un côté l'orifice d'entrée, en même temps qu'ils établissent la communication entre les orifices. On concevrait de même que, pour la deuxième manivelle qui est horizontale, le centre de l'excentrique qui lui correspond se trouve sur un diamètre vertical, d'où il résulte que son tirant, et par suite les leviers, occupent une position milieu, qui prouve que justement les tiroirs de distribution correspondants doivent fermer les orifices d'entrée de vapeur. L'essieu moteur, recevant donc ainsi l'action alternative et simultanée des deux pistons, continuera son mouvement de rotation indéfiniment, et la machine s'avancera avec une vitesse d'autant plus rapide, que la vitesse des pistons eux-mêmes sera plus grande.

AVANCE DE TIROIR.

Jusqu'ici nous avons regardé la distribution de vapeur, réglée pour chaque cylindre, comme dans une machine ordinaire sans détente, et marchant à pleine pression. Cependant il n'en est pas le plus souvent ainsi dans les locomotives; on dispose généralement le système de distribution de telle sorte, que les tiroirs commencent à ouvrir les orifices d'entrée de vapeur un peu avant que le piston moteur ne soit arrivé à l'extrémité de sa course, c'est ce que l'on entend par l'*avance de tiroir*.

Ainsi, au lieu de supposer les centres des excentriques placés sur des lignes perpendiculaires à la direction des manivelles, comme nous l'avons indiqué dans les fig. 8 et 9 de la planche. 5, on les place au contraire de telle sorte, qu'ils devancent d'une certaine quantité cette position, c'est-à dire que les rayons passant par leurs centres, au lieu de former angle droit avec leurs manivelles, forment un angle plus petit. Il en résulte nécessairement que lorsqu'une manivelle est horizontale, par exemple, ce qui suppose que le piston est à l'extrémité de sa course, le centre de l'excentrique correspondant a dépassé déjà la ligne verticale, par conséquent les tiroirs ne se trouvent plus exactement dans la position milieu, ils ne ferment pas complètement les orifices de vapeur. Par cette disposition, on peut, jusqu'à un certain point, accélérer la vitesse de la machine; mais en diminuant, il est vrai, la charge. Avant de nous rendre compte de cet effet par le calcul, nous allons tâcher de l'expliquer au moyen du tracé fig. 10, pl. 5.

Nous supposons, sur ce tracé, que l'une des manivelles se trouve dans la position inclinée AB, et tourne dans le sens indiqué par la flèche. On conçoit que pour trouver la position correspondante du piston, dans le cylindre à vapeur, il suffira de décrire du point B comme centre, avec un rayon égal à BC, longueur de la bielle, un arc de cercle, qui coupera en C, la ligne d'axe du piston; portant donc de C en D la longueur CD, qui existe depuis le centre de ce piston jusqu'au point d'attache de sa tige avec la bielle, on aura évidemment la position de ce centre, de chaque côté duquel on marquera la moitié de l'épaisseur du piston. On reconnaîtra alors que ce dernier se trouve à 5o millimètres, par exemple, de l'extrémité de sa course; or, si nous admettons que l'on place le centre de l'excentrique en e sur la ligne verticale passant par le centre A de la manivelle, on sait que pour cette position de l'excentrique, les tiroirs distributeurs ferment alors complètemest les orifices d'entrée de vapeur au cylindre, ils se trouvent évidemment comme nous les avons placés sur la fig. 10; l'introduction de la vapeur est donc entièrement interrompue. Et si on examine bien la figure, puisque les tiroirs recouvrent d'un millimètre au moins, de chaque côté, les bords des orifices, on verra que cette introduction à même été interrompue un peu avant que la manivelle ne soit arrivée à la position que nous lui avons donnée.

En faisant le tracé de grandeur naturelle, on trouve que cette interruption a dû avoir lieu quand le piston avait encore 54^{mil}, 5 à parcourir pour achever sa course.

De cette disposition, il résulte que le volume de vapeur dépensé au bout de la course du piston, au lieu d'être égal au produit de la section du cylindre, par le double de la longueur de la manivelle, sera réellement moindre ; car intercepter la vapeur 54 millimètres avant que le piston ne soit arrivé à l'extrémité de sa course, c'est assurément comme si on diminuait cette course ou la longueur du cylindre de 54 millimètres.

Maintenant, si nous supposons qu'ayant ainsi fixé l'excentrique par rapport à la manivelle, le piston continue son mouvement pour achever sa course, on verra que bientôt les tiroirs commencent à découvrir les orifices ; on trouvera en effet, en faisant le tracé en grand, que, dès que le piston aura parcouru 4 millim., les tiroirs auront marché d'un millim. Ainsi, nous pouvons dire que les orifices seront sur le point de s'ouvrir au moment où le piston sera à 46 millim. de l'extrémité de sa course ; mais alors, comme les tiroirs marchent dans une direction opposée à celle du piston, on voit que la première ouverture t, qui tout à l'heure laissait entrer la vapeur dans le cylindre, va se trouver en communication avec l'orifice de sortie $t^2 t^3$, tandis que la seconde ouverture t', qui précédemment permettait à la vapeur, qui était à droite du piston, de s'échapper au dehors par le même conduit $t^2 t^3$, commence à laisser entrer la vapeur dans le cylindre, du côté même vers lequel se dirige le piston. Mais cette vapeur est nécessairement refoulée par ce dernier, auquel la puissance et la vitesse acquise permettent d'achever la course ; de sorte que la manivelle n'en atteint pas moins la position horizontale $A\,B'$, et le centre e de l'excentrique vient en e', alors les tiroirs se trouvent dans la position qu'on leur a donnée fig. 10 *bis*, sur laquelle on reconnaît que l'entrée et la sortie de vapeur se font comme nous l'avons dit ci-dessus.

Ainsi, actuellement, de ce que nous venons de voir, nous pouvons tirer les conclusions suivantes :

1· L'introduction de la vapeur dans le cylindre ayant été interceptée lorsque le piston avait encore à parcourir 54$^{\text{mill.}}$ 5, c'est-à-dire 1|8 de sa course environ pour la terminer; on n'a donc dépensé pour un coup simple de piston qu'un volume de vapeur égal à

$$624^{\text{c. q.}} 6 \times 0^{\text{m}}, 3655 = 22^{\text{lit.}} 83,\ \text{au lieu de } 25^{\text{lit.}} 61,$$

qu'on aurait dépensés si la course avait été complète.

2° Puisque, pour chaque coup simple de piston, on a économisé 2$^{\text{lit.}}$ 78 de vapeur, on obtiendra donc 11$^{\text{lit.}}$ 12 d'économie pour chaque tour de roue. Or, en marchant à course entière, la dépense eût été de 102$^{\text{lit.}}$ 4; c'est donc une économie de vapeur d'environ 1/9 à chaque tour de roue.

3° Par conséquent, avec la même dépense de vapeur, la machine peut acquérir une vitesse plus considérable, puisque, dans le même temps donné, on remplira les cylindres un plus grand nombre de fois; c'est-à-dire que, si on eût marché, à course pleine, avec une vitesse de 100 révolutions par minute, par exemple (ce qui suppose qu'on aurait dépensé au bout de ce temps 10240 litres de vapeur), avec l'avance que nous avons supposée, la machine aurait pu acquérir une vitesse de 112 tours.

4° Mais en même temps que la vitesse est augmentée, on conçoit que la charge que la machine est susceptible d'entraîner devient moindre.

5° L'avance du tiroir est donc réellement avantageuse, dans le cas où l'on veut accélérer la vitesse progressive de la machine.

Nous devons remarquer que l'on ne possède pas encore de règle bien déterminée sur la plus ou moins grande avance à donner aux tiroirs de distribution. On conçoit que réglée à un certain point, elle peut faciliter le mouvement de la machine, mais il est évident que si on la faisait trop considérable, elle pourrait bien aussi en affaiblir les effets. Comme M. de Pambour a fait des recherches sur ce sujet, nous sommes bien aises de mentionner dans le tableau suivant les résultats qu'il a obtenus sur une locomotive (*Vesta*) dont les dimensions se rapprochent beaucoup de celles que nous venons d'étudier.

Expériences sur les effets de l'avance du tiroir dans les locomotives (1).

Nom et dimensions de la machine.	Charges de la machine, convoi compris.	Avance du tiroir, 16 millimètres.		Avance du tiroir, 3 mill. 2.	
		Nombre de coups de piston complets par minute.	Pression effective en kilog. par cent. quarré.	Nombre de coups de piston complets par minute.	Pression effective en kilog. par cent. quarré.
Vesta.	48 tonn. 93	La machine s'arrêt.	3 kil. 98	La machine s'arrêt.	3 kil. 98
Cylindres, diam. 283m.	40 56	*Idem.*	4 08	Repart. et d. 14 c.	4 03
Course des pist. 406	39 66	*Idem.*	3 98	*Idem.* 17 c.	3 98
Diam. de roues 1,525	35 93	*Idem.*	3 98	*Idem.*	3 98
Poids, 8t. 85	34 07	*Idem.*	3 98	*Idem.*	3 65
Frottement, 84 kilog.	32 55	46 coups par min.	3 98		

D'après ces expériences, on reconnaît qu'en donnant au tiroir une avance de 16 millimètres, la machine n'a pu tirer que 32 t. 55, convoi compris, sur un plan incliné de 1/89, ce qui, sur un chemin de niveau, correspond à environ 162 tonneaux. Et avec une avance de 3 mill. 2 seulement, la machine a tiré 39 t. 66 sur la même pente, ou 192 tonneaux sur niveau. On a donc plus d'avantage à ne donner qu'une avance de 3 m. 2 au tiroir plutôt que 16 millimètres (2).

De ces expériences, M. de Pambour en tire cette conclusion, que du reste il est facile de vérifier par le calcul : *La diminution de force produite par l'avance du tiroir est proportionnelle à la diminution de la course utile du piston.*

Du reste, comme l'avance du tiroir est favorable à la vitesse de la machine, on conçoit qu'elle ait lieu dans la plupart des locomotives.

§ IX.

Légende explicative des figures qui composent les planches 1 à 7 (3).

Pl. Ire.

Fig. 1re. Vue longitudinale de la locomotive la Jackson, attelée à son tender.

Pl. II.

Fig. 2. Coupe verticale passant par le milieu de la chaudière et par l'axe de l'un des cylindres à vapeur. Il est bon de remarquer que pour l'intelligence du jeu et de l'ensemble de la machine nous avons dû faire cette coupe par un plan brisé.

Ainsi, ce sont réellement deux sections verticales et parallèles qui sont exprimées sur la même figure et qui présentent l'avantage de montrer toutes les pièces dans leur véritable dimension.

Pl. III.

Fig. 3. Vue de bout de la locomotive du côté du foyer.

Fig. 4. Coupe transversale passant par l'axe des grandes roues.

(1) Dans ces expériences la machine tirait le train sur un plan incliné de 1/89.

(2) Nous verrons plus loin le calcul pour déterminer les charges qu'une locomotive peut tirer sur un chemin de niveau, et ensuite sur des chemins inclinés à de certains degrés.

(3) Dans toutes les planches qui représentent la même machine, nous avons toujours le soin d'exprimer les diverses projections des mêmes pièces par les mêmes lettres. Les pièces principales sont indiquées par de grandes capitales et les moins importantes par des italiques.

Pl. IV.

Fig. 5. Vue de bout du côté des cylindres à vapeur.

Fig. 6. Coupe transversale par l'axe de la cheminée, et vue du côté de la chaudière; elle montre bien la disposition du tuyau d'entrée et de sortie de vapeur, en même temps qu'elle fait voir les 82 tubes conducteurs de chaleur qui composent toute la surface de chauffe de communication.

Pl. V.

Fig. 7. Coupe horizontale faite à la hauteur du cadre de la machine et au-dessous de la partie cylindrique de la chaudière, pour bien faire comprendre la disposition générale de toute la machine.

Fig. 8. Tracé géométrique du mouvement des pièces mobiles, indiquant la position relative des manivelles, bielles, pistons, et tiroirs de distribution, laquelle position correspond à celle des figures précédentes.

Fig. 9. Tracé géométrique indiquant les mêmes pièces dans une autre position.

Fig. 10. Tracé géométrique pour expliquer l'effet de l'avance du tiroir de distribution (dessiné au 1/5ᵉ de grandeur).

Fig. 10 *bis.* Autre position du tiroir.

A Foyer en cuivre rouge laminé, ayant la forme d'un prisme rectangulaire; les divers côtés du foyer sont solidement assemblés par des rivets; la plaque supérieure est consolidée par plusieurs cornières ou nervures en fer, pour résister à la pression de l'eau et de la vapeur qui tendent à l'affaisser.

B Double porte elliptique placée sur le devant du foyer à l'arrière de la machine, pour introduire le combustible; il existe entre les deux épaisseurs de la porte, dont l'une, celle qui reçoit le coup de feu, est en cuivre rouge, et l'autre en fer, un espace vide pour concentrer la chaleur du foyer, et former un matelas d'air qui empêche le calorique intérieur de se dégager.

a 11 barreaux en fer pour la grille; les 3 barreaux du milieu sont liés ensemble par leurs extrémités et peuvent se rabattre au besoin pour faciliter le nettoyage à l'intérieur du foyer, et aussi pour diminuer instantanément l'intensité du feu.

b Barres de fer fixées au fond du foyer destinées à recevoir les barreaux de la grille, mais de manière à ce qu'ils soient légèrement inclinés.

c Levier courbé en fer servant de support à la partie mobile de la grille.

d Pièce d'arrêt en fer que l'on peut lever ou baisser au besoin, soit pour laisser retomber la grille mobile, soit pour la maintenir dans sa position fixe.

e. Cendrier composé de feuilles de tôle de fer, assemblées aux côtés du foyer par des rivets.

f. Quatre supports en fer fixés extérieurement au bas du foyer, pour supporter les tubes des pompes alimentaires.

g. Porte en tôle de fer, garnie de ses ferrures, placée à la portée du chauffeur, pour enlever les scories tombées au fond du cendrier.

h. Tiges cylindriques en fer, rivées au foyer même et à l'enveloppe extérieure de la chaudière, pour en maintenir l'écartement.

C. Chaudière en feuilles de tôle assemblées par des rivets qui sont assez rapprochés pour éviter toute fuite, elle est divisée en trois compartiments: celui du milieu est cylindrique; les compartiments extrêmes sont prismatiques, terminés supérieurement en demi-cylindres concentriques au compartiment du milieu, mais d'un rayon plus grand.

D. Tubes en cuivre jaune ou en bronze, étirés au banc. Primitivement ces tubes ont été confectionnés en cuivre rouge ; mais ils étaient bientôt détériorés, à peine duraient-ils plus de quatre mois, ce qui était une source de dépenses par la nécessité de les renouveler souvent ; l'expérience a prouvé que les tubes en bronze sont très supérieurs par leur durée, qui dépasse cinq à six fois celle des premiers, aussi sont-ils maintenant généralement employés de préférence dans les locomotives.

i Virolles en fer ajustées avec force aux extrémités des tubes, pour les river sur la plaque de séparation du compartiment de l'avant de la chaudière avec celui du milieu, et sur la plaque de cuivre rouge du foyer.

E Diaphragme en tôle de fer percé de 82 ouvertures pour recevoir autant de petits tubes *D*.

F Cloche en bronze placée sur le sommet du compartiment qui renferme le foyer.

G Cheminée en tôle pour l'échappement de la fumée du combustible, et de la vapeur dépensée. On a disposé à la jonction des feuilles de tôle des bagues en fer en forme de moulures comme ornement.

j Registre en tôle, boulonné à vis sur la face extérieure de la chaudière, à l'avant de la machine, pour examiner au besoin les boîtes et tiroirs de distribution ou réparer les tubes de chaleur *D*.

k Conduit ou canal destiné à livrer passage aux bielles ou tirants d'excentriques qui donnent le mouvement aux leviers de distribution.

l Ouverture pour enlever les escarbilles qui peuvent tomber des tubes ou de la cheminée et qui se déposent au fond du compartiment qui renferme les cylindres à vapeur.

m Treize boulons en fer placés sur une même ligne horizontale au-dessus des tubes de chaleur pour maintenir très-solidement l'assemblage des compartiments de la chaudière.

H Plancher en forte tôle reposant sur le cadre de la machine, et surmonté d'un balcon ou garde-fou pour la sûreté du chauffeur et du conducteur.

I Tuyau horizontal en cuivre rouge, pour conduire la vapeur aux cylindres.

J Robinet d'admission de vapeur appelé *Régulateur*. Ce robinet est en bronze ouvert latéralement et à sa plus petite base.

n Manivelle en fer fixée à l'extrémité de la tige en fer du robinet régulateur, pour l'ouvrir ou fermer à volonté.

o Arc de cercle gradué, en cuivre, placé contre la chaudière à la portée du chauffeur, et indiquant l'ouverture plus ou moins grande du régulateur.

o' Vis de pression qui vient butter sur la tige du robinet pour donner à ce dernier plus ou moins de serrage, et le faire coïncider hermétiquement dans son boisseau.

I' I² Branches recourbées conduisant la vapeur du tuyau *I* dans chacune des boîtes de distribution. Leurs deux sections réunies doivent égaler au moins la section du tuyau *I*.

K K Boîtes en fonte, de forme rectangulaire, boulonnées au-dessus des cylindres à vapeur.

p p Tiroirs en cuivre embrassés par des châssis en fer qui sont liés à une même tige en fer *q*.

r r Portes elliptiques, boulonnées au-dessus de la boîte *K*, pour visiter les tiroirs sans être obligé de démonter la grande plaque de joint.

L L Cylindres à vapeur entièrement en fonte, boulonnés à la chaudière.

s Petit robinet graisseur en cuivre pour adoucir le frottement des pistons dans l'intérieur des cylindres à vapeur.

t t' Orifices pratiqués intérieurement aux extrémités des cylindres pour permettre l'entrée et la sortie de la vapeur.

t² t³ Canal communiquant vers le centre à la tubulure *u* fondue avec chaque cylindre, et débouchant dans la boîte *K*.

M Tube conique en cuivre rouge, pour l'issue de la vapeur dépensée, dans la cheminée.

v Tube en cuivre rouge, à robinet, pour l'écoulement de la vapeur condensée.

N N Pistons dont le corps et le couvercle sont en fonte, et la garniture métallique. Voy les détails pl. 6.

O O Tiges cylindriques en fer, traversant les pistons à leur centre et maintenues par une clavette.

y y Coins en fonte ou en fer, dont le but, en s'introduisant dans la fente triangulaire pratiquée à la partie la plus faible des bagues en fer, est de tendre constamment à faire ouvrir les bagues pour les faire coïncider parfaitement avec la paroi intérieure du cylindre.

z z Ressorts méplats en acier trempé, exerçant continuellement leur élasticité sur les coins *y*.

P P Bielles en fer, garnies à chaque extrémité de coussinets en bronze, que l'on peut serrer ou desserrer au besoin au moyen de clavettes et de contre-clavettes en fer.

a' Entre-toise en fer, qui porte les coulisseaux ou guides des pistons.

b' b' Coulisseaux en fer, méplats et un peu évidés, dont les surfaces horizontales, parfaitement dressées, glissent dans les coulisses en fer des grandes traverses *X²*.

Q Arbre moteur ou essieu coudé, en fer corroyé, et dont les manivelles sont disposées à angle droit.

R R Grandes roues fixées sur l'essieu moteur par quatre fortes clefs en fer, encastrées dans leur moyeu. Ce dernier est en fonte, mais les jantes et les rais sont en fer.

Q' Arbre en fer forgé portant les petites roues; il est cylindrique sur toute sa longueur.

R' R' Petites roues semblables en construction aux grandes roues.

S S' Excentrique double, pour donner le mouvement aux tiroirs : il est fondu en deux parties réunies par quatre boulons.

c' c² Plateaux circulaires fondus aussi en deux parties et assujettis par des vis, sur les faces opposées du double excentrique.

d' d² Frettes en fer, dont les mentonnets s'engagent à volonté dans les vides des disques ou plateaux correspondants *c' c²*, pour embrayer les excentriques.

T T' Collier en cuivre en deux parties réunies ensemble et assemblées au tirant en fer *U* qui passe sous la chaudière.

e' e² Leviers en fers accrochés aux extrémités des tirants en fer *U U'* et montés sur l'arbre *V*.

V. Axe horizontal en fer en deux parties séparées vers le milieu, et reposant dans un large support en fonte, fixé sur l'avant de la machine.

f' f² Leviers fixés sur l'arbre *V* et engagés à leur partie supérieure avec les tiges *q q* des tiroirs distributeurs.

X Fourchette en fer embrassant la gorge cylindrique ménagée entre les excentriques.

s' Axe horizontal en fer autour duquel se meut la fourchette *X*.

t' Levier à fourche en fer, monté sur l'arbre horizontal *s'*.

v' Pédale en fer aplatie vers le bout, et piquetée de petites encoches pour empêcher le glissement du pied.

x' Ressort en acier dont l'objet est de ramener constamment la pédale dans sa position primitive.

y Pièce d'arrêt contre laquelle vient butter la pédale.

i' i² Tiges verticales en fer dont les extrémités sont liées à articulation, avec les tirants d'excentriques, et avec les leviers *j' j²* dont l'un est en deux parties, séparées vers le milieu, et reposant dans un même support.

k' k² Leviers en fer placés aux extrémités du même axe.

l' l² Grandes tringles en fer qui, liées aux leviers *k' k²*, se prolongent à l'arrière de la machine.

m' m² Poignées assemblées aux tringles *l' l²* pour faciliter leur manœuvre.

g' g² Leviers en fer à double articulation, placés à l'extrémité de l'axe *V*.

q' q² Longues tringles inclinées en fer se prolongeant sur le côté de la chaudière, liées aux articulations des leviers *g' g²*, elles se réunissent à l'autre extrémité à des leviers semblables *n' n²*.

o' o² Axes en fer sur lesquels sont fixés les doubles leviers *n' n²* : le plus court de ces axes est diminué de diamètre dans une partie de sa longueur, pour s'ajuster dans l'autre qui lui sert de support ; ce qui leur permet de se mouvoir indépendamment l'un de l'autre.

p' p² Grandes manettes en fer à poignées à l'aide desquelles le conducteur manœuvre les axes *o' o²* dans le sens exigé pour la marche de la machine.

Y Corps en bronze des pompes alimentaires.

Z Piston cylindrique en bronze, mais creux.

z' Tige en fer qui traverse le piston des pompes alimentaires.

A' A' Tuyaux d'aspiration en cuivre rouge, communiquant du tender aux pompes alimentaires.

a² Levier en fer réunissant la tige *z'* à la tige *o* des pistons à vapeur, de telle sorte que la course des pistons des pompes alimentaires, est la même que celle des pistons à vapeur, et en est tout à fait dépendante.

b² Robinet dont la tige *b³* est prolongée au-dessus du plancher du chauffeur afin qu'il puisse au besoin l'ouvrir ou le fermer.

d³ Tringle en fer, liée au robinet en cuivre *e³*, qui placé vers l'extrémité des corps de pompes alimentaires, permet au conducteur de s'assurer si elles fonctionnent bien.

B' Tube extérieur en cuivre jaune alézé intérieurement pour établir la communication du tender avec les pompes alimentaires.

B' Tube en cuivre jaune ou bronze glissant comme un piston dans l'intérieur du premier.

c³ Ecroux à poignées en cuivre fondu, retenus par des rondelles en cuivre, en saillie sur les tuyaux de raccords et vissés sur les tuyaux d'admission, de manière à ce que la jonction soit parfaite, sans aucune fuite.

J' Tube en verre pour indiquer le niveau de l'eau dans la chaudière : il est ajusté à ses extrémités dans des tubulures en cuivre qui le mettent en communication avec l'intérieur de la chaudière.

$L' L^2 L^3$ Trois robinets en cuivre placés à des hauteurs différentes sur la chaudière, le premier L' doit toujours donner de la vapeur quand il est ouvert, et les autres $L^2 L^3$ doivent donner de l'eau pour que l'alimentation de la chaudière soit à son niveau de régime.

$K' K'$ Robinets de vidange en cuivre, placés au bas de la chaudière, pour pouvoir la vider complètement.

F' Soupape de sûreté renfermée dans le tuyau G' placé vers le milieu de la chaudière ; cette soupape est conique et repose sur un siége en bronze. La pression extérieure qu'elle doit recevoir pour équilibrer la tension intérieure de la vapeur est produite par des lames à ressort curvilignes, placées dos à dos et traversées à leur milieu par une tige centrale qui fait pivot au centre de la soupape.

F^2 Seconde soupape de sûreté, en bronze comme la première.

H^2 Siége en bronze de la soupape F^2.

h^3 Levier en fer oscillant sur le rebord du vase en cuivre H qui sert de siége.

i^3 Tige verticale en fer, vissée à l'extrémité du levier h^3, et attachée par le bas à un ressort à boudin sur lequel réagit la tension de la vapeur qui s'effectue sur la soupape F^2.

c' Petite tige verticale fixée à la partie inférieure du ressort à boudin, et venant s'articuler par le bas avec le support k^3 qui est adapté sur la chaudière.

S^2 Cloche en bronze, vissée à son centre sur une tige, qui permet de régler son écartement au-dessus du sifflet.

s^2 Robinet à poignée pour donner ou intercepter à volonté la communication du sifflet avec la chaudière.

V^2 Six supports en fer forgé, boulonnés sur le cadre de la machine, et sur la chaudière pour les assembler.

M' Cadre rectangulaire en bois, revêtu sur toute la longueur des grands côtés, de lames de fer battu pour le consolider.

P' Boulon en fer pour lier le tender à la machine.

P^2 Autre boulon en fer fixé au tender.

Q^2 Traverse en fer ajustée à douille sur ces deux boulons pour établir la réunion du tender à la machine.

O' Fort boulon en fer, solidement maintenu sur le côté de l'avant du cadre par une forte clavette en fer ; dans l'anneau de ce boulon est fixée une chaîne en fer pour lier la locomotive à la suite d'un train.

$N' N'$ Tampons garnis intérieurement en crin, et recouverts de cuir ; des bagues en cuivre tendent extérieurement le cuir, et compriment le crin pour lui donner de l'élasticité.

M^2 Fourchette en fer battu pour l'appui du cadre sur les essieux.

U^2 Tringles en fer rond pour maintenir invariablement l'écartement des fourchettes et leur donner plus de solidité.

m^3 Fort coussinet en bronze ajusté à coulisse dans chacune des grandes fourchettes M^2.

n^3 Tige cylindrique en fer encastrée dans le coussinet supérieur des essieux m^3 et s'élevant au-dessus du cadre pour traverser à leur centre les ressorts N^2.

O^2 Supports en fer à articulation pour se prêter à la tension des ressorts.

X^2 Quatre longues traverses composées de deux fortes bandes en fer méplat. Ces traverses boulonnées à chacun des compartiments prismatiques de la chaudière, maintiennent leur écartement, et servent de points d'appui intermédiaires à l'essieu moteur.

PL. VI.

Fig. 11 et 12. Coupes longitudinale et transversale, d'un cylindre à vapeur, faites suivant les lignes 1, 2, et 3, 4, du plan dessiné fig. 13.

Fig. 14 et 15. Coupe longitudinale et plan des tiroirs distributeurs.

Fig. 16 et 18. Coupes d'un piston suivant les lignes 5, 6, et 7, 8. de la fig. 17 qui en est une projection de face.

Fig. 19. Vues d'une des bagues, en fer battu, qui forment la garniture des pistons.

Fig. 20. Détails d'un coin pour la tension des bagues.

Fig. 21. Détails d'un ressort.

Fig. 22 et 23. Elévation et plan, faisant voir l'attache du piston à vapeur et du piston alimentaire, et la disposition des glissoirs.

Fig. 24 et 25. Coupe longitudinale et plan des tuyaux de raccords.

Fig. 26. Détails d'une rondelle pour retenir les poignées c^5 sur les tuyaux de raccords.

Fig. 27. Vues d'une des poignées c^5.

Fig. 28. Détails de l'anneau qui sert de soutien aux tuyaux de raccords.

Fig. 29. Coupe et projection du coussinet sphérique pour la rotule des tuyaux de raccords.

Fig. 30. Coupe par l'axe du sifflet.

Fig. 31 et 32. Coupe longitudinale et vue de bout d'un tube évaporateur et de ses viroles.

Fig. 33. Coupe d'une virole, dessinée grandeur d'exécution.

PL. VII.

Fig. 34. Coupe longitudinale de la pompe alimentaire.

Fig. 35. Coupe verticale faite suivant la ligne 9, 10 de la figure 34.

Fig. 36. Coupe longitudinale du piston de la pompe alimentaire.

Fig. 37. Vues de l'écrou servant de boîte à étoupes.

Fig. 38. Détails de la chapelle de la soupape supérieure à boulet.

Fig. 39 et 41. Coupes longitudinale et transversale du cadre ou batis de la machine ; elles montrent la disposition des coussinets qui soutiennent les tourillons extrêmes des essieux.

Fig. 40. Coupe horizontale suivant la ligne 13, 14 de la fig. 39.

Fig. 42. Plan du coussinet supérieur.

Fig. 43. Vue extérieure d'une des traverses placées au-dessus de la chaudière, et servant de supports intermédiaires à l'essieu moteur.

Fig. 44. Coupe horizontale, suivant la ligne 15, 16.

Fig. 45. Coupe verticale suivant la ligne 25, 26.

Fig. 46. Vues d'un coin pour le serrage des coussinets.

Fig. 47. Détails d'un coussinet.

Fig. 48 et 49. Elévation et plan du double excentrique SS'.

Fig. 50 et 52. Deux coupes faites suivant les lignes 17, 18, et 19, 20.

Fig. 51 et 53. Deux autres coupes faites suivant les lignes 21, 22 et 23, 24.

Fig. 54 et 55. Vues d'une partie de l'essieu moteur.

Fig. 56 et 57. Elévation et plan de la bielle P'.

Fig. 58. Détails d'un coussinet de la bielle.

Fig. 59. Coupe du godet graisseur placé sur la bielle au-dessus des coussinets.

§ X.

Calcul de la puissance théorique de la machine.

La puissance théorique d'une locomotive peut se calculer comme celle des machines fixes dans lesquelles la vapeur agit à pleine pression pendant la course entière du piston. Ainsi, connaissant d'une part la surface du piston et l'espace qu'il parcourt dans un temps donné, et de l'autre la pression de la vapeur qui agit sur lui, on pourra en déduire la force de la machine, soit en kilogrammètres, soit en chevaux vapeur.

Il suffit pour cela de multiplier la surface totale des deux pistons (exprimée en centimètres carrés), par la pression de la vapeur en kilogrammes sur un centimètre carré, déduction faite de la pression atmosphérique, et enfin par l'espace que l'un des pistons a parcouru en mètres dans une seconde. Le résultat obtenu donne la puissance théorique de la machine, exprimée en kilogrammètres, et en divisant ce résultat par 75, on exprime cette puissance en chevaux vapeur.

Proposons-nous de donner un exemple de cette règle sur la machine de Jackson, que nous venons d'étudier.

Nous allons à cet effet nous reposer sur les données suivantes :

1º La pression de la vapeur qui arrive dans les cylindres est de 3 atmosphères, soit de $3^{kil}099$ par centimètre carré ;

2º Les pistons donnent chacun 200 coups simples par minute, c'est-à-dire que les grandes roues font dans ce temps 100 révolutions.

Nous avons vu plus haut (§ VII) que la section intérieure donnée à chaque cylindre, dans la Jackson, est de. . . . . $624^{c.q},58$

La surface totale des deux pistons est donc de . . . . . . $1249^{c.q},16$

Or, puisque la pression de la vapeur est supposée de 3 atmosphères, en arrivant dans les cylindres, sa pression effective, après avoir déduit la pression de l'air extérieur, est donc de 2 atmosphères, soit de 2^k066 par centimètre carré.

La pression totale effective sur les pistons est donc de

$$1249,16 \times 2,066 = 2580^{kil},64.$$

Si les pistons donnent 200 coups simples par minute, comme la longueur de leur course est de 0^m 410, leur vitesse par seconde est donc de

$$\frac{200 \times 0,41}{60} = 1^{\text{mèt.}}\ 367.$$

Ainsi, la puissance exercée sur les pistons est de

$$2580^k\ 64 \times 1^m\ 367 = 3527^{\text{kilogmèt.}}\ 7,$$

$$\text{et par conséquent } \frac{3527,7}{75} = 47 \text{ chevaux.}$$

On voit donc que, dans l'hypothèse que nous venons de faire, la force théorique de la machine serait de 47 chevaux vapeur. Dans une machine fixe ordinaire, il faudrait prendre les 0,40, ou au plus 0,45 de ce résultat pour connaître la puissance réelle à l'arbre de la manivelle, ce qui donnerait, comme force utile, 19 à 21 chevaux de 75 kilog., élevés à un mètre par seconde.

De l'exemple précédent, il est facile de reconnaître que *l'effet utile* d'une machine locomotive (c'est-à-dire la charge qu'elle sera capable de tirer avec une vitesse donnée ou la vitesse qu'elle pourra acquérir avec une charge connue) ne dépend pas seulement de la pression de la vapeur formée dans la chaudière, mais aussi de la puissance de vaporisation de cette dernière. Ainsi, il ne faut pas seulement que la chaudière puisse élever la vapeur à une grande tension pour traîner de fortes charges, mais il faut encore que sa capacité soit telle qu'elle puisse vaporiser dans un temps donné un volume d'eau correspondant à la vitesse de progression de la machine. D'où il résulte que, quand même on donnerait aux pistons une surface telle qu'ils seraient capables de recevoir une puissance de 40 à 50 chevaux, avec une pression donnée, ils pourraient bien cependant ne jamais transmettre cette force, si la chaudière n'avait pas assez de capacité pour produire la quantité de vapeur nécessaire à l'alimentation.

Or, le volume d'eau qu'une chaudière est capable de vaporiser dépend évidemment de la surface de chauffe; plus cette surface sera grande, c'est-à-dire, plus elle pourra présenter de points de contact avec la chaleur et l'eau, plus elle sera capable d'engendrer de vapeur ; mais une condition de plus à remplir dans une locomotive, c'est de rendre la surface de chauffe la plus grande possible sous le plus petit volume donné possible. C'est pourquoi nous avons vu dans les dessins et la description précédente que, dans l'intérieur de la partie cylindrique de la chaudière, on place un grand nombre de tubes qui sont en contact, intérieurement avec la flamme et l'air chaud, et extérieurement avec l'eau à évaporer. Nous avons calculé que la surface totale intérieure de ces tubes est de . . . . 20$^{\text{m.q.}}$ 582.

Nous avons trouvé aussi que la surface totale des parois latérales qui sont directement exposées à l'action du feu est de. . . . . 3$^{\text{m.q.}}$ 628.

Or, nous avons admis, suivant les expériences de M. R. Stephenson, que la surface de chauffe des tubes, ou surface par communication, n'était capable de produire que le tiers de vapeur, relativement à la surface de chauffe par rayonnement ; ce qui signifie qu'il faut 3 mètres carrés de surface de tubes pour vaporiser la même quantité d'eau qu'un mètre carré de surface du foyer. Il en résulte que les 20$^{\text{m.q.}}$ 582 peuvent réellement se réduire à . . . . 6$^{\text{m.q.}}$ 861.

On a donc pour surface totale réduite . . . . 10$^{\text{m.q.}}$ 489.

Mais, d'après les expériences répétées par M. de Pambour sur les machines locomotives qui font le service du chemin de Liverpool à Manchester, un mètre carré de surface de chauffe directe peut réduire en vapeur. . . . . 0$^{\text{m.c.}}$ 122,

ou 122 kilog. d'eau par heure ; par conséquent 2^{k} 033 par minute. Quoique dans diverses circonstances on ait obtenu 2^{k} 5, et quelquefois 3$^{\text{kil.}}$ par minute, nous préférons admettre cette donnée de M. de Pambour, pour être plus certains des résultats du calcul. La chaudière de la Jackson est donc capable de réduire en vapeur

$$10{,}489 \times 2{,}033 = 21^{\text{kil.}}\ 324 \text{ d'eau par minute.}$$

Nous pouvons voir maintenant, en prenant cette quantité pour base, quelle est la vitesse maximum qu'une telle machine est capable d'acquérir en marchant à des pressions différentes.

Admettons, par exemple, que la pression dans la chaudière soit réglée à 4 atmosphères, = 4$^{kil.}$ 132 par centimètre carré.

Suivant les données précédentes (pag. 42), le volume de chaque cylindre est de. . . . . , ... 25$^{déc. c.}$ 61, c'est-à-dire que, pour chaque coup simple de piston, ou pour une demi-révolution des grandes roues, il se dépense un volume de vapeur égal à. . . . . 51$^{déc. c.}$ 22, ou 51$^{litr.}$,22 ; donc, à chaque révolution entière, il se dépense un volume égal à . . . . 102$^{d. c.}$,44, = 102$^{litr.}$,44. Mais, à la pression de 4 atmosphères, le poids d'un mètre cube de vapeur est de . . . . 2^{k}, 092, par conséquent, le poids d'un décimètre cube est de . . . 0^{k}, 002092. Le poids total de vapeur dépensée à chaque révolution d'une grande roue est donc de . . . . 0,002092 × 102,44 = 0$^{kil.}$ 2143. Ainsi, puisque la chaudière est capable de vaporiser 21^{k} 324 d'eau par minute, il est évident que chacun des deux pistons pourra dans ce temps donner . . . . 21,324 ÷ 0,2143 = 99,39 coups doubles, c'est-à-dire que les grandes roues feront 99,39 révolutions.

Comme la circonférence extérieure moyenne de ces roues est de 4$^{m.}$ 808, leur vitesse par seconde est de

$$\frac{4{,}808 \times 99{,}39}{60} = 7^{m.}\,964;$$

par conséquent, l'espace qu'elles parcourraient dans une heure serait de 28$^{kilomèt.}$ 672 ; ainsi, le plus grand espace que la machine pourrait parcourir sur un chemin de fer supposé de niveau, serait environ de 7 lieues à l'heure, avec une pression constante de 4 atmosphères dans la chaudière.

Si on effectuait un calcul semblable, en supposant que la vapeur soit formée à des pressions différentes, on trouverait aussi facilement les vitesses de transport correspondantes. Ainsi, nous verrions que la machine serait capable de parcourir un espace de 37 kilom., ou de plus de 9 lieues à l'heure, en marchant à une pression de trois atmosphères, et qu'elle atteindrait une vitesse de 11 lieues à l'heure avec une pression de

2,5 atmosphères. De même on trouverait que, si la pression était élevée à 5 atmosphères, la machine ne pourrait plus parcourir que $23^{kilom.}$ 39_0 ou moins de 6 lieues par heure. Ainsi, la vitesse de translation d'une locomotive est d'autant plus grande, que la pression de la vapeur dans la chaudière est moins élevée, et réciproquement.

Cherchons actuellement quelle est la charge maximum qu'une telle machine sera capable de tirer sur un chemin de niveau, et en marchant aux différentes pressions que nous avons admises. Pour cela, nous devons d'abord déterminer quelles sont les résistances qui s'opposent au mouvement des pistons. Il est facile de reconnaître que ces résistances se composent :

1° Du frottement propre de la machine sur les rails ;

2° De la charge du convoi qu'elle doit entraîner ;

3° Du frottement additionnel occasionné par cette charge ;

4° Enfin de la résistance de l'air.

Cette dernière résistance suit naturellement le mouvement du piston, par conséquent elle est invariable ; elle est toujours égale à 1^{k} o33 par centimètre carré. Pour les trois autres résistances, elles n'agissent pas directement sur les pistons, mais bien dans un rapport constant que nous pouvons exprimer exactement par le rapport de la demi-circonférence d'une grande roue à la longueur de la course du piston, c'est-à-dire par le rapport $= \dfrac{4{,}8o8}{2} \div o{,}41$, ou $5{,}864 : 1$. Ainsi, nous pouvons dire que les résistances sur les pistons sont $5{,}864$ fois plus grandes que celles qui ont lieu à la circonférence extérieure des roues.

Or, d'après les expériences de M. de Pambour, une locomotive comme la Jackson, qui est d'un poids de 8 tonneaux métriques (ou 8000 kilog.), en y comprenant celui de l'eau renfermée dans la chaudière, et du charbon contenu dans le foyer, produit un frottement moyen de 5o kilog. sur un chemin de fer de niveau, c'est-à-dire $5o : 8 = 6^{kilo.}$ 25 par tonneau métrique. De plus, lorsqu'une telle machine est chargée, la résistance due à la charge entière du convoi est de $3^{kilo.}$ 64 par tonneau métrique. Il faut encore ajouter pour le frottement additionnel dû à cette charge $o^{kilo.}$ 45 par tonneau ; nous devons donc compter, d'une part,

5o kilog. pour le frottement de la machine : et, d'autre part, $4^{kilo.}$ og par chaque tonneau pour la résistance de tout le convoi.

Soit donc X, le nombre de tonnes ou tonneaux métriques dont ce convoi est composé, la résistance qu'il oppose aux pistons (déduction faite de la pression atmosphérique) sera exprimée par

$$(X \times 4,09 + 5o) \ 5,864, = 23,974 \ X + 293,2.$$

Or, en appliquant le calcul précédent, il nous sera facile de déterminer la puissance effective de la vapeur sur la surface des pistons ; ainsi, dans l'hypothèse où la pression de la vapeur serait de 3 atmosphères, en arrivant aux cylindres, nous avons trouvé que la pression totale effective sur les deux pistons était égale à $258o^{kilo.} 64$.

C'est donc la puissance à opposer à la résistance du convoi ; par conséquent, dans le cas de la charge maximum, on devrait avoir théoriquement :

$$258o^{k} \ 64 = 23,974 \ X + 293,2.$$

Mais une partie de la puissance doit être évidemment employée pour vaincre les résistances propres de la machine, résistances qui sont évaluées à un cinquième environ de la force effective de la vapeur ; ce qui réduit la pression trouvée $258o^{k} \ 64$ à — $258o^{k} \ 64 \times 0,8 = 2064^{kilo.} \ 5$.

On a donc, dans le cas du maximum de charge,

$$2064^{k} \ 5 = 23,974 \ X + 293,2 ;$$

$$\text{d'où } X = \frac{2064^{k} \ 5 + 293,2}{23,974} = 76 \text{ tonnes.}$$

Ainsi, la plus grande charge que la machine pourrait tirer sur un chemin horizontal, en admettant qu'elle marche avec une pression constante de 3 atmosphères, serait de 76 tonneaux métriques, la plus grande vitesse étant de plus de 10 mètres par seconde.

On trouverait de même que cette charge s'élèverait à plus de 160 tonnes, en marchant à une pression de 5 atmosphères, la vitesse de transport étant alors réduite à $6^{m} \ 5$ par seconde.

Pour mieux étudier les effets que l'on peut obtenir de la machine, nous avons réuni dans le tableau suivant les résultats du calcul, qui déterminent les plus grandes charges et les plus grandes vitesses de la locomotive marchant sur un chemin de niveau avec des pressions différentes.

TABLE

Montrant les plus grandes charges que la locomotive peut tirer sur un chemin horizontal, et les plus grandes vitesses qu'elle peut acquérir proportionnellement au degré de pression de la valeur engendrée dans la chaudière (1).

Pression de la vapeur dans la chaudière en atmosphères.	Poids d'un mètre cube en kilogrammes.	Poids du volume de vapeur dépensée à chaque tour de roue.	Nombre de tours de roues par minute.	Vitesse des pistons en mètres par seconde.	Vitesse de transport ou espace parcouru par la machine.		Pression sur les pistons en kilogrammes par centimèt. carré.	Pression sur les pistons en kilogrammèt.	Puissance théorique de la machine en kilogrammèt.	Puissance théorique de la machine en chevaux.	Charge maximum que la machine peut tirer sur un plan horizontal en tonneaux métriques..
					en mètres par seconde.	en kilogrammèt. par heure.					
1.	2.	3.	4.	5.	6.	7.	8.	9.	10.	11.	12.
atm.	kilog.	kilog.		mètres.	mètres.	kilogrammèt.	kilog.	kilogrammes.	kilogrammèt.	chevaux.	tonnes.
5	2,5641	0,2627	81,08	1,108	6,497	23,390	4,132	5161,53	5718,97	76,09	162
4,4	2,2920	0,2348	90,71	1,240	7,269	26,168	3,512	4387,05	5439,94	72,53	142
4	2,0921	0,2143	99,39	1,358	7,964	28,672	3,099	3870,96	5256,76	70,09	119
3,5	1,8159	0,1897	112,17	1,533	8,988	32,359	2,5825	3225,96	4945,40	65,94	98
3	1,6103	0,1650	129,09	1,764	10,344	37,240	2,066	2580,64	4552,25	60,70	76
2,5	1,3587	0,1382	154,12	2,106	12,350	44,46	1,5495	1935,48	4076,12	54,35	54

Il est facile de voir d'après cette table que si, d'un côté, en diminuant la pression de la vapeur on obtient une vitesse de translation plus grande, d'un autre côté la charge que la machine peut traîner décroît suivant une progression bien plus rapide. Aussi, quand la pression de la vapeur est de 2,5 atmosphères, on trouve que la vitesse de transport n'est pas tout à fait double de celle qu'elle acquiert, avec une pression de 5 atmosphères, et la charge maximum tirée horizontalement par la machine dans la première hypothèse n'est que le tiers de celle qu'elle peut tirer dans la seconde. Nous pouvons donc en conclure que toutes les fois que la machine aura un convoi très-chargé à traîner, il sera indispensable d'élever la pression de la vapeur dans la chaudière ; et au contraire, lorsqu'elle sera peu chargée et qu'elle devra marcher très-rapidement, il faudra diminuer la pression.

Nota. *La suite sur les calculs et les résultats de la locomotive dans un prochain article.*

(1) Nous admettons dans ce calcul que le robinet d'admission de vapeur est complètement ouvert et que la pression sur les pistons est la même que dans la chaudière, ce qui n'a généralement pas lieu en pratique. Il est en effet reconnu que la vapeur perd sensiblement de son élasticité en arrivant dans les cylindres, ce qui diminue nécessairement la puissance effective.

MACHINE LOCOMOTIVE A SIX ROUES,

Etablie par MM. Charles Tayleur et Cᵉ, ingénieurs mécaniciens à Warrington (Angleterre).

§ XI.

Pl. 8, 9, 10 et 11.

Nous avons dit que la construction des machines locomotives est devenue en Angleterre une fabrication très-considérable; il existe en effet un grand nombre de mécaniciens qui ont formé des ateliers tout spéciaux pour les fabriquer et qui sont à même d'en livrer à tous les pays en peu de temps et à bon marché. On conçoit que mettre ainsi la confection de tels appareils en mode de fabrication, c'est prendre le meilleur moyen d'arriver à les exécuter avec avantage. Mais aussi, ne craignons pas de le dire, pour monter des établissements de ce genre, il faut réunir beaucoup de capitaux, et nous devons le reconnaître, de ce côté comme du côté des matières premières, nos concurrents d'outre-mer sont plus favorisés que nous. Toutefois, à voir les progrès que notre industrie a faits depuis un certain nombre d'années, à voir aussi combien favorablement les premières locomotives qui viennent d'être établies par quelques constructeurs français ont été accueillies, nous avons tout lieu de croire que ces appareils ne tarderont pas à être mis en fabrication chez nous comme chez nos voisins (1).

Tout en cherchant à remplir le même but dans l'application des machines locomotives, on comprend aisément qu'elles doivent varier dans leur construction, parçe que chaque fabricant qui en établit cherche à y apporter des idées nouvelles, des améliorations plus ou moins importantes. Ainsi la machine de Tayleur qui, quant au principe constitutif d'une locomotive, ne diffère pas essentiellement de celle de

(1) Nous nous faisons un vrai plaisir de citer, particulièrement, les belles locomotives françaises, *l'Alsace* et *le Rhin*, livrées à la compagnie du chemin de fer de Paris à Saint-Germain, par MM. *Stehelin* et *Huber*, ingénieurs-mécaniciens à Bitschwiller, près de Thann (Haut-Rhin).

Jackson, ne présente pas cependant dans son ensemble le même aspect, elle en est différente sur plusieurs points pour la construction.

Ce sont surtout ces modifications que nous nous proposons de faire connaître en donnant les divers systèmes de machines locomotives. Nous pensons qu'après avoir bien étudié et bien compris la Jackson, nous n'aurons plus besoin d'entrer dans les mêmes détails pour la Tayleur ; nous nous contenterons donc de mentionner les changements qu'il sera essentiel de connaître sur cette nouvelle machine ; et, pour la rendre plus intelligible, nous avons eu le soin d'indiquer les pièces qui sont semblables à celles de la première par les mêmes lettres : ainsi il suffira de se reporter, soit à la description, soit à la légende qui ont été données ci-dessus.

DU CENDRIER.

Cette machine ne porte pas de cendrier (voyez la coupe longitudinale, fig. 2, pl. 9); ainsi les escarbilles et tous les résidus résultant de la combustion tombent à travers la grille sur la route que la voiture parcourt. C'est alors une facilité pour nettoyer celle-ci et pénétrer dans le foyer. Tous les barreaux sont placés horizontalement sur un châssis rectangulaire en fer b qui est supporté par des équerres boulonnés à la partie inférieure du foyer. On voit par le plan, fig. 5, pl. 11, et par la coupe transversale, fig. 6, que ces barreaux se touchent vers leurs extrémités ; c'est donc l'augmentation de leur épaisseur à chaque bout qui détermine l'espace vide qu'ils doivent laisser entre eux.

DU FOYER ET DE LA CHAUDIÈRE.

Le foyer présente à très-peu près la même capacité et la même surface de chauffe que celui de la Jackson, comme on pourra le voir sur les dessins et par les dimensions principales que nous donnons plus loin. Mais il n'en est pas de même de la chaudière. Celle-ci présente en effet plus de capacité pour l'eau et la vapeur que dans la première machine, et en même temps, comme elle contient d'une part un plus grand nombre de tubes conducteurs de chaleur (puisqu'on en compte 107 au lieu de 80), et que d'un autre côté ces tubes sont plus longs, on voit qu'elle renferme une plus grande surface de chauffe, et que, par conséquent, dans un temps donné, elle sera capable de réduire en vapeur un plus grand volume d'eau.

Nous pouvons observer que, quoiqu'on varie dans les machines locomotives les longueurs et les nombres de tubes évaporateurs, nous ne voyons pas de différence sensible dans leurs diamètres comme dans leur écartement. On paraît s'être restreint, jusqu'à présent, aux dimensions que nous avons déjà mentionnées, et nous ne sachons pas qu'il ait été fait des expériences précises pour reconnaître si ces dimensions étaient réellement plus convenables que d'autres. On comprend cependant qu'on n'a pas dû arriver à ces données sans des essais préalables qui ont pu les faire adopter plutôt que d'autres. Ainsi il est évident, par exemple, que dans la même section de chaudière on pourrait placer un plus grand nombre de tubes, en les rapprochant et en les faisant plus petits de diamètre; ces tubes présenteraient alors en totalité une surface de chauffe sensiblement plus grande. Mais aussi n'aurait-on pas à craindre que ces tubes ne s'obstruent trop promptement à l'intérieur, à cause de leur trop petite ouverture pour le passage de la fumée, et qu'à l'extérieur ils ne se couvrent plus facilement de couche calcaire provenant des dépôts que forme l'eau employée à l'évaporation; d'où il pourrait arriver que, tout en présentant une surface totale plus grande, il n'y aurait pas pour cela une plus grande quantité de vapeur engendrée dans le même temps, et que les tubes pourraient être détériorés plus rapidement. Ce sont des expériences réitérées et faites avec soin qui peuvent seules convaincre à cet égard et faire adopter plutôt telle dimension que telle autre. A défaut de données plus certaines sur cet objet, nous nous en rapportons à celles des machines telles qu'elles existent.

DES CYLINDRES A VAPEUR, DE LEUR BOÎTE A ÉTOUPES ET DE LEUR TIROIR DE DISTRIBUTION.

Dans cet appareil nous avons reconnu que la dimension des cylindres à vapeur est aussi sensiblement plus grande que dans la machine à quatre roues. Ainsi, puisque d'une part la chaudière est capable de produire dans le même temps une plus grande quantité de vapeur, et que d'un autre côté la surface des pistons est plus considérable, il est évident qu'ils peuvent transmettre, avec la même pression de vapeur, une plus grande puissance; l'appareil est donc capable de tirer une plus forte charge.

Nous avons vu sur les planches de la première machine que la distribution de vapeur s'opérait pour chaque cylindre au moyen de deux tiroirs liés à une même tige. Dans la Tayleur chaque boîte de distribution ne renferme qu'un seul tiroir qui se trouve placé vers le milieu, au-dessus du cylindre. Le châssis en fer qui l'embrasse, pour le faire glisser sur la surface plane de celui-ci, porte deux tiges cylindriques, lesquelles traversent à droite et à gauche les presse-étoupes formées aux deux extrémités de la boîte. L'une sert de guide, et l'autre, celle de droite, lui transmet le mouvement alternatif que lui donne le levier f (fig. 1 et 2, pl. 8 et 9).

Le stufenbox ou la boîte à étoupes qui ferme chacun des cylindres à vapeur mérite d'être remarquée. (Voyez-en le détail sur les fig. 7, 8, 9 et 10 de la pl. 11.) Cette boîte est double, comme on peut facilement s'en rendre compte. La pièce principale, le couvercle, qui doit se boulonner au cylindre pour le fermer hermétiquement, comme dans toutes les autres machines, est alézé intérieurement pour contenir l'étoupe, laquelle est comprimée par un bouchon en cuivre B^3; ce bouchon est ouvert dans la plus grande partie de sa longueur à un diamètre plus grand que celui de la tige du piston, afin de servir de réservoir d'huile; il est fermé par un autre bouchon plus petit qui comprime encore de l'étoupe, pour que cette huile ne puisse s'échapper; de sorte que, dans le mouvement alternatif de la tige, l'huile graisse constamment les étoupes qui sont renfermées à droite et à gauche de la boîte.

DE L'ADMISSION DE VAPEUR.

Dans cette nouvelle machine, l'admission de la vapeur engendrée dans la chaudière n'a pas lieu au moyen d'un robinet régulateur, comme dans la Jackson, mais bien par un disque circulaire mobile J. (Voyez fig. 2 et 3, pl. 9 et 10.) Ce disque est percé de deux ouvertures

qui ont chacune la forme d'un secteur, et placées diamétralement opposées; il est parfaitement dressé sur la face qui doit s'appliquer contre la
base de la boîte en fonte, qui est assemblée par des boulons sur le
diaphragme E de la chaudière. Cette boîte est creuse et sa base est
percée de deux ouvertures semblables à celles du disque; par conséquent,
lorsque, au moyen de la longue tringle en fer A^4 qui à son extrémité
porte une manivelle placée à la disposition du machiniste, celui-ci a
mis ces ouvertures en regard, il établit la communication entre la chaudière et l'intérieur de la boîte; il en résulte que la vapeur, traversant le
tuyau I peut se rendre aux boîtes de distribution par les branches I^1
et I^2. Par cette application du disque, situé ainsi contre le compartiment
qui renferme les cylindres, on a pu supprimer le grand tuyau conducteur que nous avons remarqué dans la première machine.

DES ROUES.

La machine de Tayleur est portée par six roues, dont deux grandes
et quatre petites. Les premières reçoivent l'action motrice par l'essieu
coudé à manivelles sur lequel elles sont montées. Les quatre autres,
d'égal diamètre, ne font que supporter une partie de la charge de la
machine, elles ont l'avantage d'éviter dans un cas d'accident (comme
une rupture de l'arbre moteur par exemple) que la voiture ne se renverse
ou ne sorte des rails. Dans toutes ces roues, les rayons sont en fer creux et
placés dans des directions divergentes; la jante et le moyeu avec lesquels
ils sont assemblés sont en fonte, excepté le cercle extérieur à rebord qui
doit être en fer tourné et ajusté avec le plus grand soin sur la circonférence du premier cercle de la jante.

DES EXCENTRIQUES.

L'opération du changement d'action des excentriques ne se fait pas
au moyen d'une pédale; elle se fait au contraire à l'aide d'un levier horizontal v' (fig. 1, pl. 8) terminé par une poignée qui est à la portée du
conducteur de la machine. Ce levier à poignée peut tourner autour du

centre u^i, et par cela même il agit sur la tringle t^i qui alors, par son extrémité inférieure, pousse ou tire l'axe horizontal v^2, lequel, pouvant glisser dans ses coussinets, entraîne dans ce mouvement de translation la fourchette d'embrayage X (Voyez fig. 2 et 5, pl. 9 et 11); celle-ci pousse donc les excentriques d'un côté ou de l'autre pour les engager avec l'un des deux mentonnets fixés sur l'essieu. Nous avons vu que par ce moyen on peut faire marcher la machine en avant ou en arrière. Sur le plan fig. 5 on reconnaît que c'est le mentonnet situé à la droite du chauffeur qui est engagé dans le plateau de l'excentrique pour déterminer la marche progressive de la voiture.

Pour débrayer les tirants des excentriques (ce qui a lieu quand on veut changer le sens du mouvement de la locomotive), il suffit au conducteur de prendre la poignée du levier b^2, et d'incliner celui-ci dans le sens indiqué fig. 1, ou dans le sens opposé; par ce seul mouvement il repousse la longue tige b^3, qui par sa partie inférieure est attachée à une fourche c^3, laquelle est ajustée au bout de l'axe en fer d^4. (Voyez fig. 2 et 5.) Ce dernier porte vers le milieu de sa longueur deux leviers $f^3 f^3$ réunis par une entretoise à leur extrémité pour recevoir deux galets $\beta \beta$ dont la surface est au besoin mise en contact avec les tirants des excentriques. Or, dans la position que nous avons supposée sur les figures, les galets n'agissent pas sur ces tirants, ceux-ci restent liés avec les leviers e' et e^2 qui alors en reçoivent un mouvement alternatif et le transmettent aux tiroirs de distribution. Mais si au contraire on admettait pour un instant que le conducteur tirât à lui le levier b^2, la longue tringle entraînée en même temps ferait lever les galets qui par suite soulèveraient les tirants et les feraient par cela même dégager des boutons qui les retiennent aux leviers e' et e^2. Ainsi cette opération se fait par une seule poignée au lieu de deux que nous avons vues dans la machine précédente.

DES CLOCHES PLACÉES SUR LA CHAUDIÈRE.

Nous avons remarqué que la cloche cylindrique en tôle qui entoure le tuyau d'admission de vapeur, et une seconde cloche servant de réservoir qui est placée symétriquement à l'autre bout de la chaudière, sont, ainsi que le trou d'homme, renfermées dans des enveloppes en cuivre, qui, tout en présentant un coup d'œil agréable, empêchent le trop rapide refroidissement de la vapeur, et la maintiennent ainsi plus facilement à la température à laquelle elle est formée dans la chaudière. Sur la cheminée on a placé un capuchon en toile métallique, qui, tout en permettant la sortie de la fumée, intercepte toute issue aux étincelles et escarbilles qui, entraînées par le courant, pourraient causer des accidents.

Légende explicative des planches 8 à 11.

Pl. VIII.

Fig. 1re. Élévation latérale de la machine de Tayleur, vue dans sa longueur.

Pl. IX.

Fig. 2. Coupe longitudinale de la machine, faite, d'une part, par l'axe de la chaudière, et de l'autre, par l'axe du premier cylindre à vapeur ; ces deux coupes sont projetées l'une sur l'autre, comme si elles étaient faites par un même plan vertical.

Pl. X.

Fig. 3. Section transversale passant par l'axe de la cheminée, et par les tubes qui communiquent aux boîtes de distribution de vapeur.

Fig. 4. Deuxième coupe transversale faite par l'axe de deux des petites roues à l'arrière de la machine, pour faire voir la porte du fourneau, les manettes et les divers leviers qui sont à la disposition du chauffeur ou du conducteur.

Pl. XI.

Fig. 5. Plan général de la machine ou coupe horizontale faite au-dessus des cylindres à vapeur et au-dessous de la chaudière.

Fig. 6. Coupe transversale de la grille, du foyer et de la chaudière.

Fig. 7, 8, 9 et 10. Détails du couvercle de l'un des cylindres à vapeur, pour faire connaître sur une échelle de 1/5 la nouvelle disposition de boîte à étoupe, adoptée par Tayleur.

Fig. 11 et 12. Détails de la soupape de sûreté à levier et à ressort appliquée sur la chaudière.

Dimensions des pièces principales de la machine locomotive de Tayleur.

GRILLE.

Longueur d'un barreau,	= 0 m.	560
Épaisseur d'un barreau au milieu,	= 0 m.	022
Largeur de l'espace vide entre deux barreaux,	= 0 m.	054
Longueur dudit espace,	= 0 m.	470

Nombre de barreaux, $=11$

Nombre d'espaces vides, $=12$

Surface des espaces vides, $= 0$ m. q. 304

Hauteur du coke au-dessus de la grille, $= 0$ m. 490

Volume du coke sur le foyer pendant la marche de la machine, $= 0$ m. c. 315

Longueur intérieure du foyer, $= 0$ m. 640

Largeur *idem*, $= 1$ m. 055

Surface totale de la grille ou section intérieure du foyer, $= 0$ m. q. 643

Capacité du foyer intérieur, $= 0$ m. c. 611

Observations.

Des dimensions précédentes, nous pouvons remarquer :

1° Que le rapport de la surface du foyer à la surface du vide de la grille pour le passage de l'air, $= \dfrac{0^{\text{m. q.}} 643}{0^{\text{m. q.}} 304} = 2{,}11$

Ainsi le passage pour l'air est près de la moitié de la surface de la grille.

2° Que le rapport du volume du charbon renfermé dans le foyer à la capacité du foyer, $= \dfrac{0^{\text{m. c.}} 315}{0^{\text{m. c.}} 611} = 0{,}515$

C'est-à-dire que le cock occupe un peu plus de la moitié de la capacité du foyer.

CHAUDIÈRE.

Diamètre intérieur de la partie cylindrique de la chaudière, $= 0$ m. 950

Longueur intérieure depuis les cylindres jusqu'à l'enveloppe du foyer, $= 2$ m. 35

Section intérieure de la chaudière, $= 0$ m. q. 7084

SURFACE DE CHAUFFE.

La porte du foyer est elliptique.

Largeur ou grand axe de l'ouverture, $= 0$ m. 310

Hauteur ou petit axe, $= 0$ m. 245

Surface ou section de l'ouverture, $= 0$ m. q. 060

Surface de chauffe des deux extrémités du foyer à droite et à gauche de la porte, $= 0$ m. q. 580

Surface de chauffe au-dessus du foyer, $= 0$ m. q. 643

La surface de chauffe du foyer du côté de la chaudière, $= 1$ m. 055 $\times$ 0 m. 950 $= 1$ m. q. »

Surface de chauffe dudit, du côté opposé, moins la surface de la porte du foyer, $= 0$ m. 940

Donc la surface de chauffe autour du foyer, $= 3$ m. q. 163

Longueur des tubes pour la flamme et la fumée, $= 2$ m. 475

Nombre des tubes, $= 107$

Diamètre intérieur de ces tubes, $= 0$ m. 036

Surface totale intérieure de ces tubes, $= 26$ m. q. 943

Ajoutant ensemble la surface du foyer et la surface réduite des tubes, on aurait pour surface totale de chauffe, $= 3$ m. q. 163 $+ \dfrac{26^{\text{m. q.}} 943}{3} = 12$ m. q. 144

CAPACITÉ DE LA CHAUDIÈRE POUR L'EAU ET LA VAPEUR.

Capacité de la chaudière y compris la partie qui enveloppe le foyer sans les cloches, $= 3009$ d. c. 55

Capacité des deux cloches placées vers chaque extrémité de la chaudière, $= 92$ d. c.

Capacité de la chaudière non compris le foyer ni les tubes, $= 1994$ d. c.

Capacité pour l'eau et la vapeur, $= 2086$ d. c.

Distance du niveau supérieur de l'eau au point le plus élevé de l'intérieur de la chaudière, $= 0$ m. 175 pendant la marche régulière de la machine.

CHEMINÉE.

Hauteur totale de la cheminée sans le capuchon, $= 2$ m. »

Diamètre intérieur de la cheminée, $= 0$ m. 320

Rapport de la section intérieure de la cheminée à la surface de la grille,

$$= \frac{0^{\text{m.q}} 0827}{0,643} = \frac{1}{7,77}$$

PISTONS.

Diamètre des pistons à l'extérieur des bagues, $= 0$ m. 298

Course de chaque piston, $= 0$ m. 410

Diamètre du corps des pistons, $= 0$ m. 288

Épaisseur totale des pistons, $= 0$ m. 100

Épaisseur des deux bagues, $= 0$ m. 067

Diamètre de la tige en fer, $= 0$ m. 050

Longueur totale de la tige du piston depuis sa base extérieure jusqu'à son point d'attache avec la bielle, $= 1$ m. 160

CYLINDRES A VAPEUR.

Diamètre intérieur des cylindres à vapeur, $= 0$ m. 298

Longueur intérieure entre les fonds, $= 0$ m. 545

Longueur extérieure des cylindres, $= 0$ m. 605

Largeur des orifices d'entrée de vapeur, $= 0$ m. 035

Largeur des *idem*, $= 0$ m. 160

Largeur de l'orifice de sortie de vapeur, $= 0$ m. 050

Longueur de *idem*, $= 0$ m. 160

Diamètre extérieur du tuyau de sortie à l'extrémité supérieure qui se trouve dans la cheminée, $= 0$ m. 050

Surface de section intérieure d'un cylindre, $= 697$ c. q. 11

Volume total intérieur des cylindres, $= 38$ d. c. »

Volume de vapeur à chaque coup de piston, ou capacité du cylindre calculée en multipliant la section par la course du piston, $= 28$ d. c. 58

Surface des orifices d'entrée de vapeur, $= 56$ c. q. »

Rapport de la section de l'orifice d'entrée de vapeur à la section des cylindres, $= \dfrac{1}{12.4}$

Surface de l'orifice de sortie près du cylindre, $= 80$ c. q. »

Surface de l'orifice de sortie à l'extrémité du tuyau, $= 19$ c. q. 63

Rapport de cette surface à celle de section du cylindre, $= \dfrac{1}{15}$

BIELLES.

Longueur de chaque bielle de centre en centre, $= 1$ m. 090

Diamètre du corps de la bielle au milieu, $= 0$ m. 065

ESSIEU OU ARBRE COUDÉ A MANIVELLES.

Diamètre du corps de l'arbre, $= 0$ m. 160

Longueur des coudes ou villebrequins formant manivelles, $= 0$ m. 205

Mesurée du centre de l'arbre au centre du tourillon qui s'assemble avec la bielle.

Longueur de l'arbre du milieu d'un coussinet à l'autre, $= 1$ m. 815

Longueur totale de l'arbre, $= 2$ m. »

ESSIEUX DROITS POUR LES PETITES ROUES.

Diamètre du corps des arbres, $= 0$ m. 095

Longueur totale de chaque arbre, $= 2$ m. »

GRANDES ROUES.

Diamètre extérieur au contact des rails, $= 1$ m. 710

Circonférence moyenne extérieure, $= 5$ m. 369

Nombre des bras, $= 20$

Rapport de la course du piston à la circonférence de la roue, $= 0$ m. 410 à 5 m. 369 $= \dfrac{1}{13}$

PETITES ROUES.

Diamètre extérieur au contact des rails, $= 1$ m. 091

Circonférence extérieure, $= 3$ m. 429

Nombre de bras, $= 14$

Rapport entre les diamètres des petites et grandes roues, $= 1$ m. 091 à 1 m. 710 $= \dfrac{11}{1.56}$

Les rayons ou bras des petites et des grandes roues sont en fer creux et inclinés alternativement vers le moyeu.

CAPACITÉ DE LA CHAUDIÈRE POUR L'EAU ET LA VAPEUR.

Capacité de la chaudière y compris la partie qui enveloppe le foyer sans les cloches, = 3009 d. c. 55

Capacité des deux cloches placées vers chaque extrémité de la chaudière, = 92 d. c.

Capacité de la chaudière non compris le foyer ni les tubes, = 1994 d. c.

Capacité pour l'eau et la vapeur, = 2086 d. c.

Distance du niveau supérieur de l'eau au point le plus élevé de l'intérieur de la chaudière, = 0 m. 175 pendant la marche régulière de la machine.

CHEMINÉE.

Hauteur totale de la cheminée sans le capuchon, = 2 m. »

Diamètre intérieur de la cheminée, = 0 m. 320

Rapport de la section intérieure de la cheminée à la surface de la grille,

$$= \frac{0^{m.q}\ 0827}{0,643} = \frac{1}{7,77}$$

PISTONS.

Diamètre des pistons à l'extérieur des bagues, = 0 m. 298

Course de chaque piston, = 0 m. 410

Diamètre du corps des pistons, = 0 m. 288

Épaisseur totale des pistons, = 0 m. 100

Épaisseur des deux bagues, = 0 m. 067

Diamètre de la tige en fer, = 0 m. 050

Longueur totale de la tige du piston depuis sa base extérieure jusqu'à son point d'attache avec la bielle, = 1 m. 160

CYLINDRES A VAPEUR.

Diamètre intérieur des cylindres à vapeur, = 0 m. 298

Longueur intérieure entre les fonds, = 0 m. 545

Longueur extérieure des cylindres, = 0 m. 605

Largeur des orifices d'entrée de vapeur, = 0 m. 035

Largeur des *idem*, = 0 m. 160

Largeur de l'orifice de sortie de vapeur, = 0 m. 050

Longueur de *idem*, = 0 m. 160

Diamètre extérieur du tuyau de sortie à l'extrémité supérieure qui se trouve dans la cheminée, = 0 m. 050

Surface de section intérieure d'un cylindre, = 697 c. q. 11

Volume total intérieur des cylindres, = 38 d. c. »

Volume de vapeur à chaque coup de piston, ou capa-

tenir d'une part un assez grand volume d'eau pour suffire à l'alimentation de la chaudière, et, d'un autre côté, tout le combustible nécessaire à la durée du travail de la locomotive entre deux stations consécutives. Or, nous avons vu que la dépense d'eau ou de vapeur d'une machine locomotive est proportionnelle à sa force et à sa vitesse : nous avons pu facilement reconnaître, par exemple (en cherchant quelle était la plus grande charge que la Jackson était capable de tirer sur un chemin de niveau ou la plus grande vitesse qu'elle pourrait acquérir, en supposant qu'elle marchât à des pressions différentes), que, d'après la surface de chauffe de sa chaudière, elle était capable de réduire en vapeur un volume d'eau égal à 25 kilog. par minute, par conséquent, si l'on admet que le convoi doive marcher pendant une heure sans s'arrêter, la dépense, au bout de ce temps, sera donc de

$$25 \times 60 = 1500 \text{ kil. ou } 1 \text{ m. c. } 50.$$

Il faut donc que le réservoir, formé sur le tender soit capable de contenir au moins ce volume d'eau (et il est prudent de toujours compter beaucoup au-dessus) pour qu'on puisse faire le parcours.

De même, si on admet que la machine est susceptible de brûler 5 kil. de charbon par minute (ce qui suppose qu'un kilog. de charbon peut réduire en vapeur 5 kilog. d'eau), il est facile de voir qu'au bout d'une heure, on aura dû consommer $5 \times 60 = 300$ kilog.

Nous verrons plus loin, en donnant les dimensions principales de cet appareil, quel est le volume d'eau et de combustible qu'il est susceptible de contenir, il sera facile d'en déduire le temps pendant lequel le convoi pourra marcher sans être obligé d'arrêter pour renouveler l'alimentation.

Les tenders varient de forme comme de dimensions. Celui que nous avons représenté sur les Pl. 12, 13 et 14 est destiné à alimenter une machine de la force de la Jackson. Le réservoir pour l'eau d'alimentation est construit entièrement en tôle, sa forme est à peu près celle d'un fer à cheval (voyez le plan, fig. 2) entre les branches duquel se place le charbon.

Le réservoir Q' est fermé de toute part, mais à l'arrière est une ouverture F' par laquelle on introduit l'eau qui doit servir à l'alimentation de la chaudière. Au-dessus est une porte à charnière Q en bois qui la re‑ couvre. Deux autres portes semblables *PP*, mais d'une plus grande dimension, élevées comme la première au‑dessus du réservoir, recou‑ vrent deux caisses à l'usage du chauffeur. Toutes les feuilles de tôle qui composent ce réservoir sont assemblées comme dans une chaudière ordi‑ naire, au moyen de cornières ou équerres en fer avec lesquelles elles sont rivées; à l'avant de l'appareil se trouvent deux robinets r^2 (voyez la coupe transversale, fig. 6) dont la base supérieure est mise en commu‑ nication avec le réservoir, et la base inférieure est fixée à une tige verti‑ cale x' sur laquelle s'ajuste une clef en fer z' que le chauffeur peut faire tourner au besoin au moyen de la poignée l qui est à sa disposition. On a placé à la partie supérieure de chaque robinet un filtre γ' en tôle criblée pour intercepter tout passage aux dépôts calcaires qui pourraient engorger l'intérieur des robinets. Ces mêmes robinets sont ouverts laté‑ ralement pour communiquer avec les tuyaux A' qui se prolongent jus‑ qu'aux pompes alimentaires, ces tuyaux sont soutenus par les supports en fer B' boulonnés sous la charpente qui sert de bâtis à l'appareil.

La capacité pour recevoir le coke ne comprend pas seulement l'espace ménagé entre les deux branches avancées Q' du réservoir, mais encore l'espace vide laissé au‑dessous, et qui s'étend même au-dessous de ce réservoir comme on peut le voir sur la coupe longitudinale fig. 3, et sur la coupe transversale fig. 6. Le fond de cette caisse à charbon est en charpente et couvert en tôle forte v', et pour consolider cette charpente, on l'a garnie en-dessus et en-dessous de fortes bandes de fer u' en équerre, disposées à chacun des angles de la charpente et réunies par des boulons placés de distance en distance.

DES ROUES DU TENDER ET DE LEURS ESSIEUX.

L'appareil est porté par quatre roues en fonte R d'égal diamètre (1), garnies chacune à leur jante d'une bague en fer à rebord saillant, comme les roues des locomotives; la surface extérieure de ces bagues est légè‑

---

(1) Il y a des tenders établis sur six roues, ils sont construits sur des dimensions plus grandes.

rement conique, afin de permettre au tender de suivre les directions courbes comme le moteur qui les traîne. Ces roues sont fixées vers l'extrémité des essieux en fer D', lesquels peuvent tourner librement dans les coussinets fixés sous le cadre de la machine. Ainsi on reconnaît déjà que cette disposition, comme en général, celle de tous les wagons employés sur les chemins de fer, n'est pas la même que dans les voitures ordinaires, puisque dans celles-ci l'essieu est fixe au-dessous du train, et que les roues tournent autour de lui, dans les tenders au contraire, nous voyons que les essieux sont mobiles et qu'ils sont entraînés dans le mouvement de rotation des roues qu'ils traversent. Les boîtes J, ou coussinets de ces essieux sont alors disposés tout autrement que dans les voitures ordinaires; ces boîtes sont en fonte (voyez les détails représentés à une échelle de 1/5 sur les figures 18 à 24, planche 14), évasées à leur partie supérieure pour servir de réservoir de graisse, lequel est recouvert au moyen d'un registre ou couvercle en tôle à ressort détaillé fig. 14 à 17. Dans l'intérieur de cette boîte est ajusté un coussinet en bronze qui embrasse la moitié de la circonférence du collet formé à chaque extrémité de l'essieu, la seconde moitié est seulement embrassée par une espèce de couvercle en fonte, placé au-dessous et fixé à la partie inférieure de la boîte par des boulons. Celle-ci reçoit au-dessus la pression des ressorts N² qui, par leur élasticité, amortissent les chocs que les roues font éprouver à l'appareil pendant la marche du convoi.

DU FREIN APPLIQUÉ AU TENDER.

Pour ralentir, lorsqu'il est nécessaire, le mouvement de la machine locomotive, et par suite de tout le convoi, et même dans un cas urgent, en arrêter pour ainsi dire la marche, on fait l'application d'un frein qui dans cet appareil, se compose de deux portions de jantes circulaires en bois H, boulonnées à une forte bande de fer f, laquelle est terminée à la partie supérieure par un anneau que forme le fer recourbé; un boulon qui passe dans cet anneau fixe cette bande de fer au bâtis de la machine. Ainsi les deux parties de jante peuvent être considérées comme étant assujetties d'un bout à un point fixe autour duquel elles pourraient tourner; elles portent chacune une oreille en fer *e* assemblée à une vis *d*, laquelle est taraudée dans un écrou à chappe *c* qui se lie par son autre extrémité au fort balancier G. Or, ce dernier est monté sur un arbre carré en fer *b*, terminé à chaque bout par des tourillons cylindriques lui servant d'axe de rotation. Ces tourillons sont du reste portés par deux chaises en fer J' boulonnées sous la charpente du tender, et l'un d'eux est assez prolongé à l'extérieur pour porter un grand levier en fer D dont le bout à poignée est à la portée du machiniste. Il résulte de cette disposition qu'en s'appliquant à l'extrémité de ce levier, il fait tourner l'arbre carré *b* et par suite le balancier G, comme on peut le voir sur le détail (fig. 8); alors chacune des portions de jante H tend à se rapprocher de la circonférence de la roue et à l'embrasser sur une grande surface; elles opèrent, par cela même, un frottement très-considérable, qui est capable non seulement de diminuer l'effet de la machine, mais même de l'anéantir complètement. Il est facile de comprendre qu'en adaptant un système de vis *d* et d'un écrou pour réunir chaque extrémité du balancier aux portions de cercles *f*, on a l'avantage de régler leur distance comme on le veut, et par suite la tension des freins.

Nous ferons observer que dans les dessins, nous avons représenté les vues du tender, en sens inverse de sa position par rapport à la locomotive à laquelle il se trouve attelé, afin de mieux faire comprendre ce système de frein qui n'existe que d'un côté du tender.

DES TAMPONS.

Les tampons du tender que nous donnons ici présentent une disposition particulière, en ce sens qu'à l'élasticité du crin comprimé, vient s'ajouter l'élasticité d'un ressort additionnel *l'*; leur forme est celle d'un solide demi-elliptique; le cuir qui enveloppe le crin vient se fixer contre une rondelle en bois traversée par une tige en fer carré *m'* qui se prolonge dans l'épaisseur de la charpente; chacune de ces tiges *m'* vient se réunir à un chariot mobile à coulisse, et l'extrémité du ressort *l'* vient se placer dans chacune de ces coulisses. Si maintenant le tender reçoit une secousse, les tampons N' viennent agir sur les extrémités du ressort *l'*, qui, à l'instant, fait revenir les tampons dans leur position primitive.

Légende explicative des figures qui composent les pl. 12, 13 et 14.

Pl. XII.

Fig. 1re. Élévation du tender représenté du côté du frein.

Fig. 2. Plan supérieur.

Pl. XIII.

Fig. 3. Coupe longitudinale par le milieu du tender, et de la traverse M servant de siége au chauffeur.

Fig. 4. Plan inférieur vu au-dessous du tender pour mieux voir l'assemblage de la charpente.

Pl. XIV.

Fig. 5. Vue de bout du tender du côté des tampons.

Fig. 6. Coupe transversale faite suivant l'axe des robinets r^2; cette coupe est brisée pour montrer la section des roues, et la disposition de l'essieu dans les boîtes à graisse.

Fig. 7. Coupe horizontale de la roue R faite suivant $a\,b$ pour donner la forme des bras.

Fig. 8 et 9. Vues de face et de côté d'une des branches du frein assemblées avec le balancier G. Les lignes ponctuées donnent la position de la branche H en contact avec la roue.

Fig. 10, 11, 12 et 13. Détails des pièces qui composent l'assemblage du frein.

Fig. 14, 15, 16 et 17. Détails du couvercle à ressort pour les boîtes à graisse.

Fig. 18, 19, 20, 21, 22, 23 et 24. Vues diverses et coupes d'une boîte à graisse pour en faire bien comprendre l'assemblage et la disposition.

TURN-RAIL

ou plate-forme mobile.

§ XIII.

PLANCHE 15.

Les plates-formes mobiles (appelées en anglais *turn-rails*) sont des plateaux circulaires en fonte qui, pouvant tourner sur un pivot placé à leur centre, en même temps qu'ils reposent sur des galets disposés vers leur bord extérieur, permettent aux locomotives, comme aux wagons qui les accompagnent, de prendre une autre direction que celle suivant laquelle ils étaient primitivement conduits. Ces appareils sont principalement établis à l'arrivée ou à la descente des voitures, comme aussi à l'entrée des docks, des magasins ou des ateliers.

Sur le chemin de Saint-Germain on fait usage de grands et de petits plateaux; les premiers sont construits pour recevoir des locomotives à six roues, et les derniers sont destinés à recevoir des machines à quatre roues. On conçoit du reste que le principe de construction de ces divers appareils est le même; il n'est différent que dans ses dimensions.

La plate-forme que nous avons représentée sur la planche 15 est de la classe des petits plateaux; sa dimension est calculée pour pouvoir porter une locomotive à quatre roues, semblable à celle que nous avons donnée dans nos premières planches. La fig. 1 représente une coupe verticale passant par l'axe de l'appareil, et montre sa disposition dans le lieu où il est établi.

La fig. 2 désigne un plan horizontal du plateau mobile, avec la communication des chemins de fer qui arrivent jusqu'à lui.

Dans cet appareil, le plateau mobile, proprement dit, n'est autre qu'un disque circulaire en fonte A, de 2^m480 de diamètre, qui, sur la surface extérieure, porte un grand nombre de petites nervures saillantes, disposées pour permettre d'y marcher sans glisser. Sur cette même face se trouvent fixées quatre règles en fer méplat a et a', dont l'écartement et la direction correspondent exactement avec les deux chemins que nous supposons ici perpendiculaires l'un sur l'autre. Mais pour pouvoir faire communiquer ces règles jusque vers les rails, on a de plus adapté sur les bords du plateau quatre équerres bb', également en fer méplat de même largeur que les rails, et coudées à angle droit pour que leur direction corresponde à la fois avec chacune des deux voies. Les extrémités des règles ne sont pas en contact avec les équerres, il existe au contraire entre elles un espace vide d'environ trois centimètres, afin de livrer passage aux rebords intérieurs des roues de la voiture ou du wagon que l'on amène sur la plate-forme.

On a ménagé sous le plateau et vers sa circonférence extérieure un rebord saillant c, légèrement conique, et d'une largeur de 60 à 65 millim.; c'est par ce rebord saillant, dont la surface conique inférieure doit être bien dressée, que le plateau repose sur les six galets en fonte c (fig. 1 et 5), disposés à égale distance, aux angles d'un hexagone régulier, dont les rayons indiquent la direction de leurs axes. Ces derniers sont en fer, tournés de chaque bout à 20 millim. de diamètre, pour former tourillons; ils sont fixés au centre des galets par une clé, comme on peut le voir par les détails fig. 7.

Il est facile de concevoir que la surface extérieure de ces galets doit être un cône, ayant la même génératrice et le même sommet que la surface inférieure du rebord c du plateau. Le sommet est déterminé par l'intersection des deux lignes d'axe de ces surfaces coniques, c'est-à-dire par le point de rencontre de l'axe horizontal mn des galets avec l'axe vertical mo du cône qui termine le rebord saillant c (Voy. le tracé, fig. 9). De même la génératrice de contact mp est déterminée par la droite tirée du sommet m au point d'intersection p des bases np et op des deux cônes. Il est extrêmement important qu'il en soit ainsi dans la construction de l'appareil, pour que tous les points de la surface des galets marchent constamment avec la même vitesse que tous les points de la surface inférieure de la saillie c; car l'effet de ces surfaces en contact est absolument le même que celui de deux engrenages d'angles qui se commandent l'un l'autre. De cette sorte, lorsqu'on fait tourner le plateau sur son centre, comme sa charge est suffisante pour que son frottement sur les galets les entraîne et les fasse tourner sur leurs tourillons, ces galets développent la même surface que la saillie c, avec laquelle ils sont en contact, et leur vitesse angulaire est à celle du plateau en rapport inverse de leur diamètre et de celui du rebord c.

On a eu le soin, pour consolider le plateau, de faire venir à la fonte six fortes nervures d (fig. 3), partant du moyeu, et allant, comme des rayons de cercle, jusqu'au rebord c, en diminuant sensiblement de hauteur. Ces nervures sont encore réunies par une autre nervure circulaire e qui correspond à peu près au dessous des rails a et a', c'est-à-dire vers les points les plus chargés, lorsque la voiture est sur l'appareil. Le moyeu lui-même présente un fort cylindre de 20 centimètres de diamètre, alézé dans les deux tiers de sa hauteur environ pour y loger la tête d'un gros boulon à clavette f qui doit servir de support et de crapaudine à la pointe en acier e'. (Voy. fig. 1.) C'est sur cette pointe que doit pivoter le plateau, et pour qu'elle se trouve toujours à la hauteur convenable, elle traverse une plaque circulaire en fer g dans laquelle elle est vissée, et cette plaque est à son tour boulonnée sur le plateau. Ainsi s'il était nécessaire de baisser celui-ci d'une très-faible quantité (ce qui arrive par l'usure des galets et du rebord saillant c), il suffirait de tourner la vis d'un demi ou d'un quart de filet; comme sa tête appuie sur la plaque, il est évident qu'elle ferait descendre le plateau avec cette dernière.

Tout l'appareil est monté sur un plateau fixe composé d'une espèce de croisillon à six branches D, terminé extérieurement par un tambour cylindrique, dont la base supérieure s'élève jusqu'à la hauteur du plateau mobile (Voyez la coupe, fig. 1, et les détails, fig. 5 et 6). A cette base supérieure du tambour on a formé quatre encoches h qui sont placées aux extrémités de deux diamètres perpendiculaires du plateau, dans l'axe même des deux voies. Dans l'une de ces encoches on engage l'extrémité d'un levier en fer j, fixé à charnière sur la plateforme (fig. 1 et 2). On conçoit alors que cette dernière doit ainsi se trouver maintenue dans une position fixe, parce qu'elle est liée au plateau D, et pour la rendre libre, il suffit de soulever légèrement le bout du levier.

Le plateau ou croisillon D repose par sa surface inférieure, qui est tout à fait horizontale, sur un massif en maçonnerie, capable de supporter, sans s'affaisser, non-seulement le poids de l'appareil, mais encore toute la charge qu'il est susceptible de recevoir; il porte à son centre le boulon f, dont la clavette, ajustée à la partie inférieure, est aussi un peu encastrée dans le moyeu du croisillon, afin de rendre le boulon invariable comme lui. A l'extrémité de chacune des nervures qui sont fondues avec les bras du croisillon, on a ménagé des parties saillantes k qui sont terminées en forme de fourchette, pour recevoir les tourillons des galets auxquels elles servent ainsi de coussinets. On peut aisément juger de la véritable forme de ces coussinets sur les fig. 5 et 6 et sur le détail, fig. 8.

Il peut être facile maintenant de comprendre la manœuvre de l'appareil, lorsqu'on veut opérer un changement de direction de voies. Si l'on suppose, par exemple, qu'une locomotive suive la direction des rails B (fig. 2), et qu'il faille lui faire prendre une direction perpendiculaire telle que celle des rails B', il suffirait de faire arriver cette machine jusque sur l'appareil, de manière que ses quatre roues soient entièrement portées sur la plate-forme, puis de soulever d'une très-petite quantité l'extrémité du levier *j* pour le dégager de l'encoche dans laquelle il se trouve. On fait ensuite tourner le plateau, jusqu'à ce que l'extrémité du même levier, rencontrant une nouvelle encoche, y tombe naturellement; le plateau en tournant a nécessairement entraîné la voiture avec lui, et de ce que les règles *a*, qui tout à l'heure prenaient la direction des rails B, occupent alors la place des règles *a'*, elles mettent donc la voiture dans la ligne des rails B'. Comme par sa disposition le levier *j* tend à rester horizontal, et comme d'un autre côté les bords extérieurs des encoches sont arrondis (voy. fig. 6), il est aisé de comprendre que, lorsqu'on fait tourner le plateau, aussitôt que le levier approche d'une encoche, il peut monter sur son bord, qui est d'ailleurs peu saillant, et retomber de lui-même par son poids dans la partie évidée. Ainsi on est toujours certain par avance, quand une fois on a lancé le plateau, qu'il ne tournera que d'un quart de révolution, parce qu'après avoir parcouru cet espace le levier se maintiendra, jusqu'à ce qu'on le dégage de nouveau. Si on avait besoin de faire faire à la voiture un demi-tour sur elle-même, afin de la ramener sur la même ligne qu'elle vient de parcourir, on conçoit qu'on le ferait encore avec la plus grande facilité, puisqu'il suffirait de faire tourner la plate-forme d'une demi-révolution, au lieu d'un quart de révolution dont nous la supposions tourner tout à l'heure.

On a pu voir par le plan, fig. 2, et la vue en dessous, fig. 3, qu'il a été pratiqué une ouverture rectangulaire *l* vers le bord du plateau mobile; cette ouverture sert de trou d'homme pour permettre de graisser au besoin les tourillons des galets; elle est du reste fermée par une planche qui est ajustée dans la feuillure ménagée autour de l'orifice, comme on peut le concevoir par les coupes verticales, fig. 3 et 4.

Légende explicative de la planche 15.

Fig. 1re. Coupe verticale du turn-rail disposé sur son massif en maçonnerie, cette coupe est faite par l'axe de l'appareil suivant la ligne 1-2 du plan.

Fig. 2. Plan général de la plate-forme et des rails qui sont mis en communication avec elle, pour opérer le changement de voie.

Fig. 3. Plan vu en dessous du plateau mobile détaché des autres pièces de l'appareil.

Fig. 4. Coupe verticale faite aussi par l'axe du plateau, suivant la même ligne 1-2 des plans précédents.

Fig. 5. Plan horizontal vu en dessus du plateau fixe et des six galets qu'il porte.

Fig. 6. Coupe verticale passant par l'axe de ce plateau suivant la ligne 3-4 du plan (fig. 5); elle montre aussi la disposition des galets ajustés dans leurs coussinets.

Fig. 7. Détails de l'un des galets dessinés sur l'échelle de $\frac{1}{3}$.

Fig. 8. Coupe verticale faite suivant la ligne 5-6 du plan (fig. 5); elle montre la forme du plan des coussinets fondus avec le plateau D pour recevoir les tourillons des galets.

Fig. 9. Tracé géométrique servant à déterminer la surface conique des galets et celle du rebord saillant formé au-dessous du plateau mobile.

A. Plateau mobile en fonte d'une seule pièce.

a, a'. Quatre règles en fer rivées sur la surface supérieure du plateau mobile pour conduire la voiture qui doit changer de route.

b, b'. Quatre équerres en fer méplat, également fixées sur les bords du plateau, et servant à mettre les règles en communication avec les deux lignes de rails B, B'.

B, B'. Deux lignes de rails placés dans deux directions rectangulaires, et arrivant jusque vers la circonférence du plateau.

c. Rebord circulaire formé autour de la surface inférieure du plateau mobile; ce rebord doit être bien tourné pour porter exactement sur les six galets.

C. Six galets en fonte tournés extérieurement et montés sur des axes en fer.

d. Six fortes nervures ménagées au dessous du plateau mobile pour le consolider.

e. Autre nervure circulaire existant vers les $\frac{2}{3}$ du plateau sous la partie qui se trouve la plus chargée, quand la voiture est sur l'appareil.

f. Boulon à clavette fixée sur le plateau fixe pour servir de crapaudine au pivot du plateau mobile.

g. Plaque ronde en fer fixée par trois boulons au centre du plateau mobile.

i. Pointe aciérée servant de pivot au plateau.

D. Croisillon ou plateau fixe, fondu d'une même pièce.

h. Quatre encoches ménagées sur les bords supérieurs du tambour cylindrique qui forme le contour du croisillon.

j. Levier fixé à charnière sur le plateau mobile, et qui s'engage dans l'une des encoches h pour maintenir ce plateau dans une position fixe.

k. Six fourchettes venues à la fonte avec le plateau D pour servir de coussinets aux tourillons des galets.

Nota. Nous avons eu occasion de remarquer que dans les nouveaux turn-rails que l'on construit actuellement, on donne aux galets un plus grand diamètre afin d'éviter autant que possible qu'il ne se déforment. On sait en effet que plus des galets sont grands, moins ils sont susceptibles de glisser sur eux-mêmes, et par conséquent plus ils tournent librement.

Diverses constructions de roues appliquées aux locomotives.

§ XIV.

Planche 16.

La construction des roues, dans les voitures locomotives, est d'une très-grande importance et n'est pas sans difficultés. On conçoit que de telles pièces qui fatiguent considérablement, soit par les chocs qu'elles éprouvent, soit par la charge qu'elles supportent, soit par l'usure, doivent être faites avec la plus grande solidité et le plus grand soin possible. Tous les mécaniciens qui s'occupent de locomotives ne suivent pas le même mode de construction pour l'exécution de ces roues. Nous avons pensé qu'il serait, sans doute, intéressant de mettre en parallèle les divers systèmes choisis parmi les plus usités qui ont été exécutés jusqu'ici, afin de mettre à même de reconnaître les avantages et les inconvénients de chacun.

Déjà nous avons eu occasion d'étudier les roues des machines de Tayleur et de Jackson, et nous avons pu établir la différence qui existe entre ces roues. Celles que nous allons examiner appartiennent à des machines anglaises et françaises.

Roues de Stehelin et Huber.

Le premier système des roues représentées sur les fig. 1 à 4 de la pl. 16, est de la construction de MM. Stehelin et Huber, habiles mécaniciens d'Alsace, qui, depuis peu, s'occupent de la confection des machines locomotives, qu'ils exécutent déjà avec la plus rare perfection. Monté pour établir ces grands appareils et les accessoires qui en dépendent, ce vaste établissement est actuellement en mesure de rivaliser avec nos voisins d'outre-mer; nous avons pu en juger par les belles machines qu'ils ont construites, et dont plusieurs font le service du chemin de Paris à Saint-

Germain. Les roues que nous avons dessinées appartiennent à l'une de ces machines, nommée *l'Alsace*. Il est facile de voir que chacune d'elles doit être portée par six de ces roues, savoir : deux du plus grand diamètre, placées sur l'essieu moteur, dont elles reçoivent directement l'action ; deux moyennes placées à l'arrière de la voiture, et les deux autres plus petites, placées à l'avant.

Les deux grandes roues se composent d'un fort moyeu en fonte *A*, qui a été coulé après avoir ajusté dans le moule les rayons en fer plein *B*, qui en forment les bras au nombre de seize. Ces rayons sont un peu aplatis vers leur extrémité pour s'élargir et prendre une forme semblable à celle désignée sur la coupe verticale, fig. 2. Ainsi, lorsque la fonte est coulée sur de tels bras, ils ne peuvent en sortir, à moins de casser le moyeu, tant ils sont bien tenus. Vers leur autre extrémité, ces rayons portent une embase mince, forgée avec chacun d'eux, et destinée à s'appuyer contre la paroi extérieure du premier cercle en fer *C*, percé à cet effet pour les recevoir, et fraisé extérieurement pour pouvoir y river le bout de chaque bras. Après que cet ajustement est fait, on monte la roue sur le tour pour dresser sa surface supérieure, puis, on y ajuste à chaud le cercle à rebord saillant *D*, que l'on y maintient encore avec des rivets.

Ces roues principales ont un diamètre égal à $1^m,78$; elles sont sensiblement plus grandes que toutes celles appliquées aux autres machines locomotives employées sur le chemin de Saint-Germain ; ainsi, en donnant le même nombre de coups de piston dans une minute, *l'Alsace* marchera avec une vitesse proportionnellement plus grande que celles-ci. Et comme les dimensions de sa chaudière permettent de produire dans le même temps donné un plus grand volume de vapeur que dans les machines anglaises, et que d'ailleurs, la section des cylindres est aussi plus grande, elle peut développer une puissance plus considérable, et, par conséquent, traîner de plus fortes charges.

MM. Stehelin et Huber peuvent construire des locomotives à six roues à deux cylindres, de 13° anglais de diamètre, pour le prix de 40,000 fr. Ce prix, comparé à celui des machines anglaises de même puissance, est proportionnellement moindre. En effet, ces machines, prises chez les constructeurs, coûtent 35,000 fr.; or, si à cette somme nous ajoutons les frais de transport, de douane, d'emballage, etc , lesquels ne s'élèvent pas à moins de 10,000 fr., on voit qu'elles doivent revenir à plus de 45,000 fr. rendues à Paris. Nous sommes bien aises de mentionner ici un tel résultat qui déjà donne une preuve bien convaincante que l'on peut en France entreprendre avec avantage la construction des machines locomotives, et lutter avec les constructeurs anglais.

Les moyennes et les petites roues sont exactement construites de la même manière que les précédentes , comme on peut facilement le voir par le dessin ; seulement, les unes ne portent que dix rayons, et les autres en ont quatorze.

Roues de Robert Stephenson et C⁰.

Dans les fig. 5, 6 , 7 et 8, nous représentons les roues des locomotives de R. Stephenson et Cie ; ces roues diffèrent de celles que nous avons vues, par leur mode de construction comme par leurs dimensions. « Ainsi les deux roues principales, celles qui sont ajustées sur l'essieu moteur, ne portent pas de rebord saillant à la jante extérieure : elles n'en ont pas besoin, en effet, parce que les quatre autres qui sont distribuées vers les extrémités de la voiture, en étant munies, suffisent évidemment bien pour la guider sur les rails, et l'empêcher de sortir de la voie. Ces deux roues, sans rebords, sont d'ailleurs assemblées par des bielles de jonction à deux autres de même diamètre, et leur circonférence extérieure est comme celles-ci, de forme légèrement conique , pour suivre la direction des courbes. »

Les rayons de ces deux roues sont en fer creux, le moyeu et la première jante sont en fonte. Pour les confectionner, on doit commencer par couler la jante, après avoir bouché les bras avec des tampons en fer ajustés à chaque extrémité, puis on coule le moyeu ; mais, avant de fondre celui-ci, il est important d'attendre que la contraction de la jante soit opérée. sans quoi on risquerait de la faire rompre. En effet , la retraite qui s'opère dans le refroidissement de la fonte, tend nécessairement à repousser les bras, or, si on coulait en même temps le moyeu et la jante, comme la retraite n'est pas égale, les rayons, étant froids. ne peuvent se raccourcir, la jante qui tend à les repousser en se contractant, les forcerait à se courber, puisque retenus par le moyeu, ils ne pourraient se rapprocher du centre, et s'ils ne cédaient pas à la flexion, la jante céderait nécessairement. « On compte qu'il faut au moins douze heures d'intervalle entre la fonte du moyeu et celle de la jante, pour que les effets de la retraite aient opéré, que le refroidissement soit complet. C'est ainsi que l'on opère pour les volants dans lesquels les bras sont en fer rond, et la jante et le moyeu en fonte. On a vu des fondeurs manquer plusieurs fois ces sortes de pièces, en ne mettant pas assez d'intervalle entre les deux fontes. »

Les deux petites roues placées à l'avant de la machine sont exactement construites comme les grandes, seulement elles ne portent que douze bras, tandis que celles-ci en ont chacune vingt, qui, tous en fer creux, diminuent légèrement de diamètre du moyeu à la circonférence. Tous ces rayons, au lieu d'être placés dans un même plan parallèle à celui de la roue, sont au contraire disposés dans des directions inclinées : cette inclinaison a lieu alternativement dans les deux sens, ce qui les fait paraître se croiser dans les projections verticales, fig. 6, 7 et 8.

Dans les premières machines de Stephenson, mises en usage en France, les rayons étaient en bois au lieu d'être en fonte ; il paraît que ce constructeur a entièrement abandonné cette disposition pour adopter généralement celle que nous retraçons.

Roues de Bury.

Les machines de Bury sont portées par quatre roues seulement, dont deux principales recevant l'action de l'arbre coudé, et les deux autres plus petites, fixées sur un axe libre. (Voy. les fig. 9, 10 et 11.)

Dans ces roues le moyeu seul est en fonte, et est coulé séparément ; les bras sont en fer plein, et sont ajustés dans des trous ronds que l'on y a ménagés exprès ; ils y sont retenus solidement par des clavettes en fer b, et afin de pouvoir, au besoin, ouvrir ces clavettes pour les empêcher de sortir, lorsqu'elles sont une fois mises en place, on a laissé, à la fonte, des cavités c, qui permettent d'introduire l'outil au moyen duquel on écarte les deux parties de l'extrémité fendue de la clavette.

Tous les bras se trouvent aussi, comme dans les roues précédentes de Stephenson, placés dans des directions inclinées en deux sens contraires. Ces bras forment une base vers le moyeu, et à leur autre extrémité ils sont coudés sur une longueur suffisante pour pouvoir se boulonner avec la jante intérieure C, qui n'est autre qu'un cercle en fer d'une même pièce. Lorsque ce cercle est monté, on le tourne extérieurement pour y ajuster à chaud et y river le second cercle à rebord D qui est toujours en fer.

Roues de la Cie Wigan.

Les roues représentées sur les fig. 12, 13 et 14, sont construites entièrement en fer, et ce qui doit paraître le plus surprenant, c'est que chaque roue est d'une seule pièce. « Ainsi, les deux grandes roues principales qui ont 1^m 78 de diamètre extérieur, ont leur fort moyeu A, les 16 bras B, et la jante C forgés ensemble; seulement sur la circonférence de celle-ci est rapportée, comme dans les roues précédentes, le cercle à rebord. Les moyennes roues sont faites de même. »

La construction de ces roues est nécessairement très dispendieuse, et nous ne voyons pas qu'elle puisse être souvent appliquée; on doit la regarder comme *un tour de force* de forgeron, par les difficultés qu'elle présente, car il ne faut pas seulement des outils, mais aussi des ouvriers très habiles pour forger de telles pièces. Du reste, sur ce point, nous pouvons dire qu'en France on peut tout aussi bien faire qu'en Angleterre. Nous en avons un exemple par les constructeurs du Creusot, MM. Schneider frères, qui ont exécuté des roues semblables avec un rare mérite; nous savons que ces constructeurs entreprennent aussi la confection des locomotives; déjà par les premières qu'ils ont établies, on peut reconnaître qu'ils marchent de pair avec nos concurrents d'outre-mer. Avec de tels établissements bien montés, bien outillés, cette industrie ne peut manquer de prospérer chez nous, et désormais nous pourrons nous procurer à moins de frais toutes les machines qui vont devenir si répandues.

Dans les machines de la Cie Wigan, les roues les plus petites ont leur moyeu en fonte coulé sur les bras en fer, forgés avec la jante extérieure. (Voy. fig. 15.)

Dans toutes les roues que nous venons d'examiner, on suit le même mode d'ajustement pour les fixer sur les arbres qui doivent les porter; ainsi, nous avons pu remarquer sur le tracé de chacune d'elles, que l'on a pratiqué dans leur moyeu quatre rainures a, dans lesquelles on introduit les cales en fer qui doivent les assujettir sur leurs axes. Les rainures sont généralement faites à l'aide d'une machine dont l'outil, prenant toute leur largeur, a un mouvement de va et vient, et enlève à chaque passe une épaisseur de matière extrêmement mince.

Le rebord extérieur de toutes ces roues doit aussi être de même forme, puisqu'elles sont destinées à rouler sur le même chemin. Nous avons représenté sur la fig. 17, le profil extérieur d'une jante, pour bien faire connaître sa forme. On reconnaît par cette figure que la ligne de contact n'est pas une horizontale, elle est inclinée à $\frac{1}{59}$ environ, afin de permettre aux roues de se développer sur des courbes d'un certain rayon. On conçoit aisément qu'il doit en être ainsi pour qu'il n'y ait pas glissement de l'une ou l'autre des roues sur les rails. Cette ligne est raccordée par un arc de cercle, au rebord saillant, afin d'éviter autant que possible que ce rebord ne frotte contre le côté du rail.

Légende des figures de la planche 16.

Fig. 1re. Élévation partielle des trois roues de la locomotive *l'Alsace*.

Fig. 2, 3 et 4. Coupes par l'axe de ces mêmes roues.

Fig. 5. Élévation par moitié des roues de la locomotive *la Victorieuse*.

Fig. 6, 7 et 8. Coupes par l'axe de ces roues; celles du milieu (fig. 7) sont sans rebord, mais leurs dimensions sont les mêmes que les grandes roues (fig. 6).

Fig. 9. Élévation par moitié des systèmes de roues de la locomotive *la Seine*.

Fig. 10. Coupe par l'axe des grandes roues.

Fig. 11. Coupe par l'axe des petites roues.

Fig. 12. Élévation partielle des trois roues de la compagnie Wigan.

Les fig. 13 et 14 représentent les coupes par l'axe des grandes et moyennes roues qui sont d'une même pièce en fer forgé.

Fig. 15. Coupe d'une des petites roues dont le moyeu est en fonte.

Fig. 16. Coupe horizontale suivant la ligne 1-2 d'un des bras des grandes roues. Cette section est de même forme pour les rayons des autres roues.

Fig. 17. Contour extérieur de la jante des roues, dessiné de grandeur d'exécution.

Nota. On a pu remarquer à l'exposition la belle locomotive du Creusot, dans laquelle les roues sont exécutées toutes en fer comme celles de la Cᵉ Wigan.

LA VICTORIEUSE

**Machine locomotive à six roues construite par MM. Robert Stephenson et comp^e,
ingénieurs à Newcastle (Angleterre).**

§ XV.

Cette machine, qui, après avoir servi pendant plusieurs mois aux travaux de terrassements du chemin de fer de la rive gauche de Versailles, fait maintenant le service de Paris à Saint-Germain, est une des plus remarquables de toutes celles qui sont en usage sur les chemins de fer de France. Étant une des dernières construites par le célèbre mécanicien anglais, elle a sur toutes les autres établies antérieurement l'avantage d'avoir profité de toutes les améliorations qu'il a apportées aux locomotives. Exécutée sur des dimensions plus fortes que celles que nous avons publiées, elle est aussi destinée à traîner de plus fortes charges. En Angleterre une grande partie des machines construites sur le même modèle sont principalement employées pour les travaux de terrassement où elles rendent d'immenses services. Nous ne doutons pas qu'on en établisse de semblables dans notre pays pour les nouveaux chemins qui, quoique encore en projet, ne peuvent tarder à être bientôt mis à exécution.

On conçoit en effet que pour des opérations de déblais et de remblais, dans la construction des rails-routes, pour le transport des terres à des distances plus ou moins considérables, de telles machines peuvent être d'un très-grand avantage, par l'économie de temps qu'elles apportent dans les travaux qui sont d'une si grande importance, et que l'on doit toujours chercher à exécuter avec le plus de célérité possible.

La bonne disposition de cette belle machine, justement appelée *la Victorieuse*, la précision avec laquelle elle fonctionne, la facilité et la promptitude avec lesquelles on peut la conduire, et les avantages qu'elle présente dans tout son ensemble, nous ont engagés à la donner comme modèle, persuadés que les mécaniciens qui le suivront seront toujours certains de réussir, en y apportant les mêmes soins, la même sévérité d'exécution.

Nous allons successivement examiner toutes les particularités qu'elle renferme et qui la distinguent essentiellement de toutes les autres machines du même genre ; nous éviterons cependant d'entrer dans de longs détails sur les parties qui présentent de l'analogie avec les machines que nous avons déjà étudiées.

Production de la vapeur.

DE LA CHAUDIÈRE, DU FOYER ET DE LA GRILLE.

Pl. 17, 18, 19, 20 *et* 21.

Le foyer, de forme rectangulaire, comme dans les machines de Jackson et de Tayleur, présente une capacité plus grande et par suite une surface de chauffe plus considérable que dans ces machines. On peut voir en effet par les dimensions que le constructeur lui a données que cette surface n'est pas de moins de 5 mètres quarrés. Si nous ajoutons que la quantité de tubes de communication renfermés dans la chaudière est aussi plus grande que dans les deux premières machines, qu'en outre chacun de ces tubes présente aussi plus de surface exposée à la chaleur de la flamme et de l'air qui les traversent, nous verrons encore que la somme des surfaces par communication est sensiblement augmentée, d'où il résulte que la surface de chauffe totale est capable de produire dans un même temps donné une quantité de vapeur beaucoup plus considérable.

Ce foyer de la Stephenson est du reste en cuivre rouge, quoique cependant il en ait été fait en tôle et en fer battu ; mais comme le cuivre est moins oxidable, moins susceptible de se brûler que le fer, qu'il est d'ailleurs plus homogène, il est maintenant généralement employé. Il est facile de voir par les dessins, fig. 4, pl. 19, et fig. 5 et 13, pl. 20, comment les feuilles de cuivre sont assemblées au moyen de clous rivés. Ces clous sont aussi en cuivre ; leur tête, de forme cylindrique, est placée en dedans, la rivure est à l'extérieur. Le dôme ou la face horizontale supérieure du foyer se compose d'une seule feuille que l'on assemble avec les côtés latéraux par des équerres coudées. Et afin de consolider le dessus, pour qu'il puisse résister à la grande pression qu'exercent sur lui l'eau et la vapeur, on a placé six fortes traverses ou cornières en fonte, boulonnées sur la feuille même.

La grille du foyer se compose de treize barreaux en fer, placés parallèlement et dans le sens de la longueur de la machine; ces barreaux ne font que poser sur le cadre en fer qui est fixé dans la partie inférieure et contre les parois du foyer, afin de permettre de les enlever facilement, toutes les fois qu'il est nécessaire d'éteindre le feu immédiatement.

Comme dans la Tayleur, cette machine de Stephenson ne porte pas de cendrier au-dessous de la grille, ce qui laisse plus de commodité pour nettoyer celle-ci, enlever le feu et les barreaux, et pénétrer dans le foyer. Les escarbilles tombent sur la route.

L'enveloppe ou la partie extérieure du foyer, qui forme le premier compartiment de la chaudière, est entièrement en tôle, composée de feuilles assemblées entre elles par des rivures, au moyen de cornières ou équerres en fer, et liées aussi aux plaques en cuivre du foyer par des tiges taraudées en fer, lesquelles sont rivées de chaque bout, après être ajustées. Sur la partie supérieure de cette enveloppe est une grande tubulure en tôle A^2 (pl. 18) fermée par un couvercle également en tôle, et destinée à servir de trou-d'homme, pour au besoin entrer dans la chaudière. Sur le couvercle on a fixé le sifflet S^2 dont nous avons déjà expliqué les effets en parlant des détails de la Jackson. Toutefois nous ferons remarquer que ce sifflet ne porte pas de robinet, mais à sa partie inférieure est un disque circulaire qui ferme exactement sa communication avec la chaudière; en tournant la poignée s^2 placée à l'extrémité de l'axe qui porte ce disque, on écarte celui-ci de l'ouverture qu'il bouchait, et la vapeur, se précipitant dans le conduit s^3, sort à la partie supérieure en une lame mince circulaire qui correspond immédiatement au dessous de la sonnette fixée sur le sifflet: de là résulte le son aigu qui peut s'entendre à une si grande distance.

Le principal corps de la chaudière, qui est de forme cylindrique, a 1 m. 110 de diamètre intérieur. Elle renferme 145 tubes qui sont placés symétriquement, et en occupent environ la moitié inférieure. Ils ont tous un diamètre intérieur égal à 35 millimètres, et un diamètre extérieur de 40 millimètres, ce qui leur donne une épaisseur de 2 1/2 millim. (1). L'écartement entre ces tubes, mesuré extérieurement, n'est pas de deux centimètres. Tous ces tubes sont en bronze ou cuivre jaune ; nous avons déjà dit que ce métal a été jugé préférable au cuivre rouge et au fer battu ou étiré que l'on employait précédemment pour cet objet; ils sont en effet d'une bien plus grande durée.

L'usure des tubes dans une locomotive est très-grande, elle est en partie attribuée au frottement continuel des parcelles de charbon qui les traversent et à l'action chimique ou thermo-électrique à laquelle ils sont constamment exposés. On remarque que ce sont généralement les trois ou quatre premières rangées de tubes de la partie inférieure qui se détériorent le plus rapidement, surtout leur extrémité du côté du foyer, qui reçoit la première action du feu. Cette usure des tubes est tellement sensible dans les machines qui travaillent beaucoup, qu'ils perdent environ un tiers de leur poids. Ainsi un tube de la Stephenson qui, étant neuf, pèse 16 livres anglaises (7 k. 26) peut perdre par l'usure jusqu'à 6 liv. 1|2 (2 k. 95). On conçoit que lorsqu'ils sont réduits à ce point on doit les remplacer immédiatement.

En Angleterre on estime que le prix d'un tube en bronze est d'environ une livre sterling (25 fr.); ainsi lorsque la machine exige un nouvel assortiment complet de tubes, il faut compter sur une dépense de 145 liv. sterling (3600 fr.), somme considérable, comme on le voit, et qui est le dixième du prix d'achat de la machine, car les locomotives de Stephenson prises chez lui reviennent à 1400 liv. st. (35000 fr.) environ. En France où les matières premières sont toujours plus chères, cette dépense est nécessairement plus forte.

Lorsque les tubes deviennent très-minces, ils cèdent à la force de la vapeur qui les presse en tout sens de dehors en dedans, et ils laissent alors pénétrer l'eau qui s'en écoule par leur extrémité jusque sur le combus-

(1) Dans les premières machines de Stephenson, le diamètre intérieur des tubes était de 39 millim., et le nombre en était bien plus petit.

tible, inconvénient très-grave auquel on doit remédier immédiatement : il suffit pour cela de boucher les deux extrémités du tube qui s'est éclaté avec des tampons en bois dur que l'on y chasse avec force, ce qui permet de continuer la route et d'attendre qu'on ait pu les remplacer.

§ XVI.

Admission de vapeur, mouvement des tiroirs de distribution.

Dans la Stephenson l'admission de vapeur aux boîtes de distribution se fait au moyen d'un disque en cuivre J, présentant la forme d'un double secteur monté à l'extrémité de la longue tige horizontale a^4 sur laquelle il est retenu par un écrou. Cette tige porte à l'autre bout le levier n qui est placé à la disposition du machiniste. Ce double secteur est renfermé dans une boîte en cuivre J^2, dont une ouverture établit la communication avec le tuyau d'admission I, et qui à son centre est traversée par la tige. Cette boîte porte intérieurement un diaphragme contre lequel le disque s'appuie et qui est percé de deux ouvertures, également en forme de secteur ; ces ouvertures sont directement en communication avec les tubulures latérales, qui sont liées aux deux tuyaux I' et I^2, par lesquels la vapeur peut se rendre aux boîtes de distribution K.

Comme les orifices t, t' qui communiquent aux cylindres à vapeur sont assez rapprochés, il suffit d'un seul tiroir p pour ouvrir ou fermer les orifices et changer le sens de la distribution. Jusqu'ici nous avons vu que le mouvement alternatif, imprimé aux tiroirs, résulte d'un double excentrique que l'on fait communiquer aux tiges de ces derniers et qui, par une pédale ou une bascule mise à la disposition du conducteur de la machine, permet d'aller en avant ou en arrière. Or pour faire ce changement de mouvement on se rappelle que le machiniste a plusieurs opérations à faire, pour lesquelles il faut beaucoup d'attention et de promptitude, sans quoi on peut occasionner des accidents graves. Dans *la Victorieuse*, R. Stephenson a beaucoup simplifié cette manœuvre, en la rendant entièrement dépendante d'une seule opération qui peut se faire avec la plus grande célérité. Nous allons tâcher de faire comprendre la disposition qu'il a adoptée, et qui, quoique au premier aspect elle paraisse un peu compliquée, est extrêmement ingénieuse, et devient facile à saisir, après qu'on l'a étudiée. Nous avons fait une planche spéciale pour mieux reconnaître les pièces qui composent le nouveau mécanisme, et en rendre le mouvement plus intelligible. La planche 21 en donne tous les détails. Nous ferons remarquer d'abord qu'au lieu d'un double excentrique adopté dans les autres locomotives, Stephenson en place quatre séparément sur l'arbre coudé à manivelle, les deux premiers S sont destinés à produire le mouvement progressif de la machine, les deux autres S' déterminent le mouvement rétrograde. (Voy. fig. 5, pl. 20 et fig. 15, 16 et 17, pl. 21).

Dans la fig. 15 (pl. 21) nous supposons la machine devoir marcher en avant, comme l'indiquent les flèches ; ce sont alors les excentriques S qui doivent faire varier les tiroirs. Comme les mouvements sont les mêmes dans les deux tiroirs, nous ne décrirons que l'un d'eux, afin de simplifier les explications.

L'excentrique S est embrassé par une bague en fer en deux parties liées entre elles par deux boulons et assemblées ensuite au tirant en fer plat U par quatre autres boulons à écrou. L'extrémité de ce tirant présente la forme d'une fourche à deux branches, pour recevoir dans son encoche demi-circulaire le bouton 1 qui fait corps avec le bout du levier 2, comme ce dernier est monté sur un axe en fer 3, on conçoit déjà que cet axe recevra un mouvement alternatif qu'il communiquera à un second levier 4 également fixé sur lui, et attaché par articulation à la courte bielle 5, composée de deux barres en fer méplat (voy. fig. 5, pl. 20) avec lesquelles s'assemble, aussi par articulation, la tige du tiroir. Ainsi l'excentrique tournant dans le sens de la flèche, fait avancer le tirant U de droite à gauche, et avec lui le levier 2 qui lui est uni, par conséquent l'extrémité du second levier 4 est tirée de gauche à droite, avec la double bielle 5 et la tige du tiroir. Il en résulte que ce dernier tend à venir fermer l'orifice t qui, en ce moment, laisse arriver la vapeur dans le cylindre à droite du piston, et il le fermera en effet, un peu même avant que le piston ne soit parvenu à l'extrémité de sa course, parce que le tiroir est réglé avec une certaine avance.

13

Or pour que ce mouvement des leviers et du tiroir se produise, il faut préalablement annuler l'action de l'excentrique S′, pendant qu'on maintient le premier de telle sorte que son tirant U reste lié au bouton du levier 2 ; il faut en un mot débrayer l'un des deux excentriques en même temps que l'on embraye l'autre, et que cette double opération se fasse à la main et avec la plus grande célérité possible. A cet effet le premier tirant U porte au-dessous de la fourche par laquelle il est terminé un goujon à embase et taraudé qui lie cette fourche à une double tige coudée 6 en fer plat, laquelle est attachée, à charnière, par sa partie supérieure au bout du levier 7 (fig. 15, 16 et 17). Ce dernier est monté sur l'axe horizontal en fer 8, mobile dans deux coussinets, placés vers ses extrémités au-dessous de la chaudière (voy. fig. 5 pl. 20). Sur le même axe et tout à fait à son extrémité est fixé un autre levier 9 dont la direction est à peu près perpendiculaire à celle du précédent. Enfin le bout de ce levier 9 est assemblé par articulation à une longue tringle ronde en fer 10, placée latéralement contre la chaudière et qui s'avance jusqu'à l'arrière de la machine pour s'attacher à la bascule en fer B^3. C'est en manœuvrant cette bascule, la faisant passer subitement de droite à gauche pour lui faire prendre la position qu'elle occupe en ce moment sur la fig. 15 que l'on a embrayé l'excentrique S, puisqu'on retient la fourche de son tirant lié au levier 2, celui-ci ne peut s'en détacher tant que la bascule restera dans cette position de gauche, et la machine marchera d'un mouvement progressif. Le second tirant U′ est au contraire abandonné, l'excentrique qui doit le faire mouvoir ne peut avoir aucune action sur le tiroir. En effet le levier 9 étant attaché vers son milieu par une tringle ou courte bielle 11, à la partie extrême d'un autre levier 12, qui lui est parallèle, fait prendre à ce dernier la même direction que lui, et par conséquent fait tourner l'axe horizontal 13 sur lequel il est monté. Or cet axe porte aussi le levier 14 qui est attaché, toujours par articulation, à l'extrémité supérieure à la tige méplate en fer 15. Cette tige est donc par cette union susceptible de monter ou de descendre, et comme sa partie inférieure est assemblée avec la fourche du tirant U′, on conçoit que le tirant est obligé d'obéir au mouvement des leviers et par suite à celui de la bascule.

Nous pouvons dire maintenant, que si on tirait la bascule de gauche à droite, pour lui faire occuper la position indiquée fig. 16, il se produirait un mouvement contraire qu'il serait facile d'expliquer.

En effet de ce simple changement de la bascule, opéré d'un seul coup par la main de l'homme, le levier 9 qui tout à l'heure était incliné vers la gauche, se trouve actuellement vers la droite; par conséquent, le levier 7 qui était au-dessus de la ligne horizontale, se trouve beaucoup au-dessous, et par cela même, la double tringle 6, qui y est suspendue, s'est abaissée, et par cet abaissement, l'on fait décrocher la fourche du tirant U, le bouton 1, qui s'y trouvait engagé, devient libre, l'excentrique S, tout en continuant sa rotation, n'aura plus d'effet à son tour sur le tiroir de distribution.

Mais en même temps que l'on dégage ainsi le tirant U, on fait engager le bouton 1' dans la fourche du second tirant U', qui se trouve appelé de bas en haut par la petite tige en fer 15, laquelle est tirée par le levier 14. Ce dernier obéissant au mouvement de l'arbre en fer 13 sur lequel il est fixé, a dû nécessairement s'élever, puisque le levier 12 a été repoussé de gauche à droite par la tringle 11 qui le lie au levier principal 9; or, le bouton 1' appartient à un levier 2', qui est semblable au précédent 2, et fixé comme lui sur l'arbre horizontal 3; il obligera donc celui-ci à obéir au mouvement du tirant U' et de l'excentrique S' qui le commande. Comme le centre de cet excentrique est placé dans une direction diamétralement opposée à celle qu'occupe le centre du premier S, il s'ensuit évidemment que le tiroir doit se trouver dans une position directement opposée à celle qu'il avait sur la fig. 15, ainsi, au lieu d'ouvrir le conduit t, il ouvre le conduit t', la vapeur se rend donc dans le cylindre à gauche du piston, par conséquent, l'arbre moteur coudé à manivelles, qui dans ce changement brusque et instantané, est supposé ne pas avoir changé de position par rapport à la figure précédente, va maintenant tourner dans la direction de la flèche, fig. 16.

On conçoit que l'on peut également, par cette disposition, donner de l'avance au tiroir, on le peut ici, d'autant plus aisément que les excentriques n'étant pas invariablement assujettis sur l'arbre moteur par des nervures, on peut y régler leur position avec toute l'exactitude désirable.

En effet, les excentriques S qui se trouvent vers le milieu de l'essieu, et qui sont chacun en deux parties assemblées entre elles par des boulons à clavettes (voy. les détails, fig. 19 et 21), portent d'un côté une douille cylindrique fondue avec ces parties, cette douille est embrassée par une bague en fer aussi faite en deux parties, et jointes par des boulons à écrous. En resserrant ces écrous, on tend à rapprocher les deux parties de l'excentrique, et par conséquent, à le faire appuyer sur l'arbre assez fortement pour qu'il soit entraîné dans son mouvement sans glisser. Au contraire, en desserrant ces écrous, ils permettent de varier la position des excentriques dont les deux parties ne sont pas d'ailleurs tellement serrées par les clavettes qui les assemblent, qu'ils ne puissent tourner sur l'essieu. On peut donc régler très facilement la position qu'on voudra leur donner suivant le degré *d'avance* qu'on jugera à propos de déterminer pour la bonne marche de la machine.

Les excentriques S' peuvent se régler de même, étant comme les premiers, faits chacun en deux parties que l'on assemble par des clavettes; seulement, au lieu de porter un renflement cylindrique serré par un collier, on les maintient sur l'arbre au moyen de deux vis de pression qui traversent leur épaisseur et viennent butter contre celui-ci, voy. fig. 25 et 27. Ainsi, en desserrant ces vis, on peut faire tourner l'excentrique et le placer convenablement; puis les resserrer pour le maintenir dans la position qu'on lui a déterminée.

On a pu reconnaître aussi, par les fig. 15 et 16, que l'avance donnée au tiroir est la même, soit que la machine ait un mouvement progressif, soit qu'elle ait un mouvement rétrograde. Car, comme dans la disposition générale du mécanisme, le centre de l'axe des excentriques se trouve à très peu près sur la même ligne horizontale que le centre des boutons 1 et 1', lorsque les leviers qui les portent se trouvent dans la direction verticale, on conçoit qu'ils parcourent exactement le même espace d'un côté ou de l'autre de cette verticale, dans les deux sens de mouvement.

Nous voyons par les détails, fig. 19 à 30, que les bagues et tirants d'excentriques n'ont pas exactement la même forme, ce qui du reste est peu important; nous avons dû cependant les faire voir séparément pour mieux les distinguer; par les fig. 23 et 24 on reconnaît que la bague T

de l'excentrique *S* est en deux parties boulonnées entre elles, l'une de ces parties porte une oreille percée de quatre trous pour le passage des boulons qui l'assemblent au tirant *U*, celui-ci est en fer méplat, très-mince, un peu courbé dans sa longueur pour que le centre de l'encoche qui doit recevoir le bouton 1, corresponde sur la même ligne horizontale que le centre de l'essieu moteur.

Sur les fig. 25 et 26, sont représentés le tirant *U'* et la bague en cuivre *T'*. Ce tirant présente, comme on le voit, la forme d'un fer à cheval, dont les deux branches se prolongent par des tiges taraudées qui traversent les écrous et les oreilles d'assemblage de la bague : cette disposition permet de régler exactement la longueur du tirant.

Des Roues.

Nous avons pu voir par les dessins que cette machine de Stephenson est portée par six roues qui ne sont pas disposées comme dans la Tayleur. Les roues du milieu sont sans rebord, elles sont fixées à l'extrémité de l'essieu moteur, et sont liées aux deux roues de l'arrière par des bielles de jonction. Ainsi, cet essieu porte à chaque extrémité une manivelle en fer R^2, plus longue que celles qui communiquent aux tiges de pistons. Une manivelle semblable m^4 est également placée à chaque extrémité de l'axe Q', et se trouve assemblée avec la première, par la bielle en fer P^2, garnie de ses coussinets. Par cette disposition, on conçoit que les quatre roues sont tellement unies entre elles, qu'il ne peut y avoir de glissement de l'une plutôt que de l'autre ; car elles marchent nécessairement toutes avec la même vitesse, et elles ont l'avantage d'augmenter l'adhérence sur les rails du chemin, ce qui est important lorsque la locomotive doit remorquer de fortes charges.

Le bouton qui doit servir à réunir la manivelle R^2 à la bielle, est à rotule, c'est-à-dire de forme sphérique, pour que celle-ci, assemblée à la bielle P^2, puisse se dévier légèrement et obéir à la contrariété qu'elle pourrait éprouver dans le mouvement.

Les roues placées à l'avant de la voiture sont plus petites de diamètre que les quatre précédentes ; leur axe est nécessairement indépendant des

deux autres, mais tournant cependant comme ceux-ci, dans des coussinets en bronze, sur lesquels s'exerce la pression des ressorts N^2 disposés
comme on peut le voir sur le détail fig. 11 et 12 de la pl. 20. Ces ressorts
sont composés de lames de fer d'égale épaisseur et de même largeur,
s'amincissant vers chaque extrémité et courbées les unes sur les autres, sans être pourtant invariablement liées entre elles. Elles peuvent,
au contraire, glisser insensiblement dans le sens de leur longueur, mais
elles ne peuvent varier dans le sens de leur largeur, étant maintenues par
des petits boutons qui se logent dans les rainures pratiquées à chacune
de leur extrémité. Nous avons déjà vu dans la description de la Jackson,
comment ces ressorts opèrent sur les coussinets des essieux, au moyen
de la tige verticale en fer placée à leur centre. Nous nous reporterons
donc à l'explication donnée précédemment dans les premières planches,
comme nous pourrons revoir la planche 17 pour la construction des
roues de la Stephenson.

Des pompes alimentaires.

Dans *la Victorieuse*, les pompes d'alimentation ne sont pas disposées
comme dans les locomotives que nous avons déjà étudiées, et elles ne
reçoivent pas non plus le mouvement de la même manière. (Voy. fig. 1,
pl. 17, et fig. 5, pl. 20.)

Ici les pompes sont verticales, placées symétriquement de chaque côté
de la chaudière, et fixées contre elle par des pattes qui s'y trouvent bou-
tonnées. Les tuyaux A', qui doivent y amener l'eau du tender, se recour-
bent pour s'assembler à la partie inférieure de ces corps de pompe. A la
chapelle latérale qui renferme la soupape de sortie, et qui est verticale
comme ceux-ci, est adapté un petit robinet d'essai e^3 qui doit servir à
reconnaître si la pompe fonctionne bien. On ouvre ce robinet au besoin
au moyen de la longue clef d^3 qui est à la disposition du machiniste.

Les pistons de ces pompes ne reçoivent pas leur mouvement alternatif
par les tiges des pistons-moteurs, mais bien par des excentriques séparés,
fixés sur l'essieu des roues de derrière, ce qui a permis de les placer ainsi

dans une position beaucoup plus commode, pour pouvoir les visiter et les démonter au besoin.

Ces excentriques sont des disques circulaires en fonte, embrassés par des bagues en cuivre, en deux parties, assemblées et liées aux tirants en fer u^2, auxquels ils communiquent un mouvement de va et vient. Or, chacun de ces derniers se trouve attaché, par circulation, au levier r^2 qui est fixé sur un axe horizontal, adapté aux tringles d'écartement U^2. Deux autres leviers r', également fixés sur le même axe et placés dans une direction perpendiculaire à celle du premier, sont liés par articulation à deux bielles verticales q', lesquelles se réunissent à leur partie supérieure par une traverse en fer qui porte la tige du piston ; ainsi le mouvement alternatif donné aux tirants par les excentriques se transmet à ce piston par la réunion de ces bielles et leviers, et afin que celui-ci ne dévie pas de la ligne verticale qu'il doit parcourir, sa tige z' passe dans un collier en fer qui lui sert de guide et que l'on voit adapté contre la chaudière par trois boulons (fig. 1).

Sur cette même figure, on remarque que les deux robinets d'épreuve L' L^2, au moyen desquels on reconnaît le niveau de l'eau dans la chaudière, sont placés dans une direction horizontale, et les clefs au moyen desquelles on peut les ouvrir ou fermer portent chacune une longue tige qui se prolonge vers l'arrière, et se termine par une poignée pour être plus facilement à la disposition du chauffeur.

A l'avant de la voiture est placée une lanterne qui, éclairant suffisamment la route, permet de voyager de nuit.

Légende explicative des planches 17 à 21.

Pl. XVII.

Fig. 1. Vue longitudinale de la locomotive *la Victorieuse*.

Pl. XVIII.

Fig. 2. Coupe verticale passant par l'axe de l'un des cylindres à vapeur.

Pl. XIX.

Fig. 3. Coupe transversale par l'axe de la cheminée, et vue du côté de la chaudière ; elle fait bien voir la disposition des tuyaux d'entrée et de sortie de vapeur, ainsi que le robinet distributeur J.

Fig. 4. Coupe transversale par le foyer ; cette vue montre la position verticale des pompes alimentaires Y, ainsi que les 145 tubes conducteurs de chaleur qui composent toute la surface de chauffe de communication.

PL. XX.

Fig. 5. Coupe horizontale faite à la hauteur du cadre de la machine et au-dessous de la partie cylindrique de la chaudière, pour faire comprendre la disposition générale de toute la machine.

Fig. 6. Élévation extérieure du robinet distributeur du pavillon.

Fig. 7. Coupe verticale par l'axe du robinet, faisant voir la jonction avec le tuyau recourbé I pour l'admission de vapeur.

Fig. 8. Section horizontale du même robinet à la hauteur de l'axe des tubulures.

Fig. 9. Coupe latérale et élévation extérieure de la valve mobile J.

Fig. 10. Coupe verticale par l'axe du sifflet, et section horizontale à la hauteur des ouvertures pour l'échappement de la vapeur, introduite dans la douille intérieure du sifflet à l'aide de la poignée à manivelle s^3. La cloche supérieure du sifflet est amincie vers le haut et en bas, pour renvoyer le son avec plus d'intensité.

Fig. 11 et 12. Élévation et plan inférieur d'un des ressorts N^2 sur lesquels réagissent les roues.

Fig. 13. Modèle d'assemblage de deux plaques de tôle par une cornière.

Fig. 14. Modèle d'assemblage ordinaire par rivets de deux plaques de tôle.

PL. XXI.

Fig. 15. Tracé du mécanisme, la machine étant supposée devoir marcher en avant.

Fig. 16. Même tracé, mais en supposant la machine prendre sa course en arrière.

Fig. 17. Coupe transversale, représentant, vues debout, les pièces du mécanisme.

Fig. 18. Détail pour montrer l'embrayage du bouton 1 qui appartient au levier 2, dans l'encoche de la fourche du tirant U.

Fig. 19 et 20. Élévation et plan de l'assemblage de l'excentrique S avec le collier T et son tirant à fourche U.

Fig. 21 et 22. Élévation et plan de l'excentrique en fonte S, dont les deux parties sont réunies par des tiges à clavettes.

Fig. 23 et 24. Élévation et coupe horizontale du collier T, composé de deux demi-bagues, dont l'une porte une oreille pour la réunir avec le tirant U au moyen de 4 boulons.

Fig. 25 et 26. Élévation et plan donnant l'assemblage de l'excentrique S' avec la bague T' et son tirant à fourche U'.

Fig. 27 et 28. Coupe verticale et plan de l'excentrique S'. Ce dernier est fixé sur l'essieu par des vis de pression, tandis que l'excentrique S y est maintenu par une douille dont le serrage sur l'essieu moteur est déterminé par les mêmes clavettes qui réunissent les deux parties de l'excentrique.

Fig. 29 et 30. Élévation et plan du collier T composé de deux parties symétriques qui sont assemblées sur la gorge de l'excentrique S', et serrées ensemble par les mêmes écrous qui les réunissent au tirant U'.

Fig. 31 et 32. Vues de face et de côté d'un ressort servant à maintenir dans leur direction les tirants des excentriques.

Fig. 33 et 34. Détails d'un support pour l'axe 13; les supports des autres axes ont la même forme.

Fig. 35 et 36. Élévation et plan des guides pour les glissoirs $b'\ b'$.

Fig. 37. Détails d'un glissoir b'.

§ XVII.

Dimensions des parties principales de la Victorieuse.

DIMENSIONS DU FOYER.

Largeur du foyer intérieurement, = 1 m. 020

Longueur dudit, = 0 m. 930

Section horizontale du foyer ou surface totale de la grille en mètres carrés, = 0 m. q. 949

Nombre de barreaux de la grille, = 13 »

Longueur d'un barreau, = 0 m. 870

Épaisseur dudit, = 0 m. 030

Largeur de l'espace vide entre deux barreaux, = 0 m. 040

Surface de l'espace vide de toute la grille, = 0 m. q. 431

Hauteur du foyer, mesurée depuis la grille jusqu'à la paroi supérieure, = 1 m. 10

Volume total intérieur du foyer, = 1 m. c. 044

Volume du coke, pendant la marche ordinaire de la machine, = 0 m. c. 522

Observations.

Des données précédentes nous pouvons en déduire les conclusions suivantes :

1° Que la surface totale de la grille est de près de 1 mètre carré ;

2° Que la surface de l'espace vide qui donne passage à l'air n'est pas moitié de la surface totale de la grille ;

3° Que le volume intérieur du foyer est de plus de 1 mètre cube ;

4° Que le volume du combustible, pendant la marche de la machine, est un peu plus d'un demi-mètre cube ;

5° D'où il résulte que le volume du coke est environ moitié de celui du foyer.

Et en comparant ces données avec celles des machines déjà étudiées, nous pouvons faire les deux observations suivantes :

1° Dans *la Victorieuse* la surface de la grille est près des 2/5 plus grande que dans les machines de Jackson et de Tayleur.

2° Le volume intérieur de son foyer est double de celui de *la Jackson* et 2/5 plus grand que celui de *la Tayleur*.

SURFACE DE CHAUFFE.

La surface intérieure du foyer, qui donne la chaleur directe ou par rayonnement, se compose :

1° De la paroi latérale, côté des tubes, = 1 m. q. 133

2° De la paroi opposée, côté de la porte, = 1 m. q. 061

3° Des deux autres parois latérales, perpendiculaires aux précédentes, ayant ensemble, $= 2$ m. q. 040

4° De la surface supérieure,
parallèle à la grille, $= 0$ m. q. 976

Ainsi la surface totale intérieure du foyer, $= 5$ m. q. 210

La surface de chauffe par communication se compose de :

145 tubes ayant, chacun, une longueur
de $= 2$ m. 700
— de diamètre intérieur, $= 0$ m. 035
— de diamètre extérieur, $= 0$ m. 040

D'où la surface intérieure
d'un tube, $= 0$ m. q. 297

Par conséquent la surface
totale des 145 tubes, $= 43$ m. q. 065

En réduisant cette surface,
pour la rendre équivalente
à la surface rayonnante,
nous trouvons, $= 14$ m. q. 355

Ainsi la surface entière réduite, qui
produit la vapeur, est égale à 5 m. 210
$+ 14$ m. 355, $= 19$ m. q. 565

Observations.

De ces données nous pouvons en conclure :

1° Que la surface de la grille est com-
prise entre le 1/5 et le 1/6 de la surface
du foyer, et est égale aux 2/41 de la surface totale réduite ;

2° Qu'un décimètre carré de grille correspond à un peu plus d'un demi-mètre
carré de surface de chauffe rayonnante,
et à environ deux mètres carrés de surface totale réduite ;

3° Que, dans *la Victorieuse*, cette surface totale réduite est presque double de
celle de *la Jackson* et plus de moitié plus
grande que dans *la Tayleur*.

DIMENSIONS DE LA CHAUDIÈRE.

Diamètre intérieur de la partie cylindrique de la chaudière, $= 1$ m. 110

Longueur de cette partie, $= 2$ m. 600

Diamètre de la partie qui environne le foyer, $= 1$ m. 270

Longueur de cette partie, $= 1$ m. 130

Hauteur mesurée depuis son
centre jusqu'à la grille, $= 1$ m. 000

Largeur mesurée au-dessous
du centre, $= 1$ m. 210

Volume total de la chau-
dière, $= 4$ m. c. 600

Volume de l'eau et de la vapeur, $= 3$ m. c. 120

Capacité pour l'eau, lorsque
le niveau se trouve à la
hauteur ordinaire indiquée
sur les dessins, $= 2$ m. c. 000

Capacité pour la vapeur, $= 1$ m. c. 120

Ainsi la capacité pour la vapeur est
environ moitié de celle pour l'eau, ou
presque le tiers du volume de la chaudière, déduction faite des tubes et du
foyer.

Ce volume de la chaudière, pour l'eau
et la vapeur, est moitié plus grand que
dans la chaudière de Tayleur, et environ
3/5 plus grand que dans celle de Jackson.

TUYAUX D'ADMISSION DE LA VAPEUR.

Diamètre intérieur du grand tuyau qui
conduit la vapeur aux deux
cylindres, $= 0$ m. 126

Section intérieure de ce tuyau
en centimètres carrés, $= 125$ cent. q.

Diamètre intérieur de chacun

des tuyaux qui communiquent aux boîtes de distribution, $= 0$ m. 089

Section de ces tuyaux en centimètres carrés, $= 63$ c. q. 000

Le rapport de cette section à celle des cylindres à vapeur est égale à $1 : 18$ environ.

Ainsi l'aire de la section transversale de chaque tuyau d'admission est justement égale à la dix-huitième partie de la surface du piston.

PISTONS A VAPEUR.

Diamètre des pistons ou section des cylindres, $= 0$ m. 380

Surface d'un piston en centimètres carrés, $= 1134$ c. q. 000

Course de chaque piston, $= 0$ m. 450

Longueur totale de la tige du piston depuis le milieu de son épaisseur jusqu'à son point d'attache avec la bielle, $= 1$ m. 060

Diamètre de cette tige, $= 0$ m. 055

Section en çent. quarrés. $= 24$ c. q. 000

CYLINDRES A VAPEUR.

Longueur intérieure entre les fonds de chaque cylindre à vapeur, $= 0$ m. 580

Volume total intérieur d'un cylindre, en décimètres cubes, $= 65$ d. c. 700

Capacité du cylindre, calculée en multipliant sa section par la course du piston en décimètres cubes, $= 51$ d. c. 030

Ainsi le volume de vapeur dépensée à chaque coup de piston, par les deux cylindres, $= 102$ d. c. 060

Et après chaque tour de roue il devient, $= 204$ d. c. 120

D'après ce résultat nous ferons remarquer que dans *la Victorieuse* la dépense de vapeur effectuée après une révolution de roues est double de celle que nous avons reconnue dans *la Jackson*, en admettant toutefois que les tiroirs soïent réglés de la même manière.

Largeur des orifices d'entrée de vapeur aux cylindres, $= 0$ m. 030

Longueur desdits, $= 0$ m. 210

Aire de ces orifices en centimètres carrés, $= 63$ c. q. 000

Rapport de la section de ces orifices à celle des cylindres, $= 1$ à 18.

Cette section est la même que celle des tuyaux d'admission.

DIMENSIONS DES AXES OU ESSIEUX DES ROUES.

Diamètre du corps de l'essieu coudé, portant les roues du milieu sans rebord, $= 0$ m. 140

Longueur des coudes ou manivelles, $= 0$ m. 225

Diamètre du corps de l'essieu portant les grandes roues accouplées et à rebord, $= 0$ m. 130

Diamètre de l'axe des petites roues, $= 0$ m. 110

DIMENSIONS DES BIELLES.

Longueur de chaque bielle, mesurée d'un centre à l'autre, = 0 m. 950

Ainsi la longueur des bielles est un peu plus de quatre fois celle des manivelles, soit 4, 22 fois.

Diamètre du corps des bielles à leur milieu, — 0 m. 075

DIMENSIONS DES ROUES.

Diamètre des roues sans rebord, et des deux autres roues accouplées et à rebord, = 1 m. 380

Ce diamètre est mesuré au point de contact des rails.

Circonférence extérieure d'une de ces roues, ou marche rectiligne de la machine, après une révolution de celles-ci, = 4 m. 335

Rapport de la vitesse des pistons à celle des roues, ou de la machine, = 1 à 4,816.

Ainsi, si les pistons marchaient avec une vitesse de 1 mètre par seconde, la machine s'avancerait avec une vitesse égale à 4 m. 816 dans le même temps.

Nombre de bras de chacune des quatre roues accouplées, = 20 »

Diamètre des petites roues, au contact des rails, = 0 m. 980

Rapport de vitesse angulaire de ces petites roues aux premières, = 1,38 à 0,98 ou 1,408 à 1.

Ainsi lorsque les grandes roues font une révolution sur elles-mêmes, les petités en font 1,408.

Nombre de bras de cs petites roues, = 12 »

POMPES ALIMENTAIRES.

Diamètre du piston de chacune des deux pompes. = 0 m. 075

Section de ce piston en centimètres carrés, = 44 c. q. 179

Course du piston, = 0 m. 190

Volume d'un corps de pompe, pour chaque coup de piston en décimètres cubes, = 0 déc. 839

Par conséquent la quantité d'eau maximum que les 2 pistons peuvent envoyer dans la chaudière à chaque tour de grandes roues, = 1 déc. 678

DIMENSIONS EXTÉRIEURES DE LA VICTORIEUSE.

Largeur de la machine, à l'extérieur du foyer, = 1 m. 220

Largeur de la voiture à l'extérieur du cadre, = 1 m. 900

Largeur totale à l'extérieur des bielles, = 2 m. 100

Hauteur de la machine depuis le plan horizontal tangent

aux rails jusqu'au point supérieur de la chaudière, sans la cheminée, = 2 m. 200	jusqu'en dehors des cylindres, = 4 m. 340
Longueur de la machine depuis l'extérieur du foyer	Longueur totale de la voiture, sans les tampons, = 5 m. 650
	Poids de la machine. = 12 tonn.

§ XVIII.

Effets produits ou résultats obtenus par les machines locomotives.

Dans l'article 10 nous avons établi le calcul théorique d'une locomotive, en prenant pour exemple la machine de Jackson que nous avions sous les yeux. Il serait facile de calculer de même *la Victorieuse*, en ayant égard aux dimensions des cylindres qui, comme nous venons de le voir, sont beaucoup plus fortes que dans la première machine examinée, et aussi à la surface de chauffe de la chaudière, laquelle est presque double de celle de *la Jackson*. On en déduirait très-aisément la charge maximum que cette locomotive est capable de traîner sur un chemin de niveau, et la plus grande vitesse qu'elle pourrait acquérir sur ce chemin.

Toutefois nous devons remarquer que nous avons admis, dans ce calcul, que la vapeur arrivait dans les cylindres avec une pression égale à celle qu'elle avait dans la chaudière. Or, en examinant les soupapes de sûreté, lorsqu'une machine est en travail, il est facile de reconnaître le plus souvent que toute la vapeur n'est pas appliquée au mouvement des pistons; il s'en échappe en pure perte par ces soupapes. C'est pourquoi M. de Pambour établit une distinction entre la force de vaporisation de la chaudière, et la partie de cette force qui est réellement appliquée au mouvement progressif de la machine, c'est cette partie qu'il nomme *force de vaporisation effective*, et, d'après ses expériences, il déduit le résultat suivant :

« La force de vaporisation d'une chaudière de locomotive étant de « 0 m. c. 122 ou 122 kilog. d'eau par heure et par mètre carré de surface « exposée à la chaleur rayonnante, *la force de vaporisation effective*,

« rapportée à la même unité de surface, est *de* $0_{\text{m. c.}}$ 092, *ou* 92 *kilog.*
« dans le même temps. »

Cette perte de vapeur est un grave inconvénient qui, s'il était évité,
présenterait une grande économie sur le combustible; R. Stephenson a
pu, du moins en partie, y remédier en donnant aux cylindres de ses
machines un grand diamètre; ces cylindres, dans le cas de fortes charges,
sont capables d'utiliser toute la vapeur produite par la chaudière.

Nous avons aussi admis dans notre calcul que la machine était en très-
bon état, qu'elle n'éprouvait aucune fuite, soit par les joints de la chaudière, soit par les boîtes à étoupes; nous avons supposé de plus que le
feu était constamment activé, et nous n'avons tenu aucun compte des petites pertes qui se font à chaque coup de piston, comme celles de la vapeur qui remplit les conduits par lesquels la communication est établie
entre les boîtes de distribution et les cylindres.

Pour nous donner une idée précise de l'effet pratique et réel que l'on
peut obtenir des locomotives dans un service continu, nous croyons
ne pas devoir mieux faire que de réunir les résultats d'expériences faites
en juillet et août 1834 par M. de Pambour, sur les principales machines
qui faisaient alors le service du chemin de Liverpool à Manchester (1). Mais,
afin de pouvoir comparer le travail fait par chacune de ces machines,
avec celui que sont capables de faire celles que nous avons étudiées, et
dont nous connaissons toutes les dimensions, nous donnerons d'abord,
dans le tableau suivant, les diamètres de leurs cylindres et les surfaces de
chauffe de leurs chaudières, mesures recueillies par l'auteur, et citées
dans son *Traité sur les locomotives.*

---

(1) Ces expériences paraissent être les plus complètes et les plus suivies qui aient été faites jusqu'ici sur
les locomotives, elles ont aussi donné des résultats qui s'accordent le mieux avec la théorie établie par M. de
Pambour, sur le calcul de ces machines, et en général des machines à vapeur à haute pression.

TABLEAU des principales dimensions de plusieurs machines locomotives du chemin de fer de Liverpool à Manchester.

NOMS des machines.	Diamètre du cylindre.	Course du piston.	Surface du piston.	Diamètre du tuyau de vapeur (1).	Section du tuyau de vapeur.	Rapport de la section du tuyau à la surface du piston.
	centimèt.	centimèt.	cent. quar.	centimèt.	cent. quar.	»
Atlas (2)..	30,5	40,6	730,62	8,3	54,11	1 à 13,5
Fury....	27,9	40,6	611,36	8,9	62,21	1 à 9,8
Vesta...	28,3	40,6	623,02	8,3	54,11	1 à 11,5
Leeds...	27,9	40,6	611,36	8,9	62,21	1 à 9,8
Vulcan ..	27,9	40,6	611,36	8,9	62,21	1 à 9,8
Firefly...	27,9	45,7	611,36	7,6	45,36	1 à 13,5

NOMS des machines.	Diamètre de la roue.	SURFACE DE CHAUFFE.				Poids de la machine.
		Foyer.	Tubes.	Totale.	Réduite.	
	mètres.	mèt. quar.	mèt. quar.	mèt. quar.	mèt. quar.	tonneaux.
Atlas ...	1,525	5,301	20,240	25,541	12,037	11,58
Fury....	1,525	3,056	28,557	31,613	12,575	8,33
Vesta...	1,525	4,273	23,789	28,062	12,202	8,85
Leeds...	1,525	3,214	28,557	32,082	12,733	7,18
Vulcan...	1,525	3,205	28,557	31,762	12,724	8,47
Firefly...	1,525	4,078	33,685	37,763	15,306	8,88

Nous pouvons remarquer, d'après les données de ce tableau, que toutes ces machines ont les mêmes dimensions de roues ; et, à l'exception de celle *Firefly*, les pistons ont aussi la même course.

Des six machines, la première, *l'Atlas*, a les plus grands cylindres, et cependant sa chaudière ne présente pas la plus grande surface de chauffe ; car, en réduisant toute la surface des tubes à celle du foyer et en l'ajoutant à celle-ci, on ne trouve que 12 $^{\text{m. q.}}$ 037, et pour les autres machines on trouve un peu plus. A l'exception de cette machine *l'Atlas*, et de *Vesta*, on voit que les cylindres des autres locomotives ont un moindre diamètre que dans les machines de Jackson et de Tayleur ; mais leur surface de chauffe est un peu au-dessus de celle de ces dernières.

(1) Ce tuyau est celui qui amène la vapeur séparément à chacune des boîtes de distribution. Les orifices qui communiquent de ces boîtes aux cylindres doivent évidemment présenter une section correspondante quoique leur forme soit différente, puisqu'ils sont rectangulaires. Le tuyau principal dans lequel la vapeur est admise avant de passer aux deux tuyaux séparés, doit avoir une section double de ceux-ci.

(2) Cette machine a six roues, dont quatre de même diamètre, réunies par des bielles de jonction comme dans *la Victorieuse* de Stephenson.

Aucune des locomotives que nous connaissons n'approche de *la Victorieuse*, pour la dimension des cylindres et de la chaudière; aussi sa puissance est bien sensiblement plus grande que celle de ces machines. Il ne sera pas difficile d'en déduire la différence de force que l'on doit en obtenir, et le travail qu'elle est capable de faire dans un service journalier, lorsqu'on aura examiné le tableau suivant.

TABLE des expériences sur la vitesse et la charge des machines locomotives, par M. Guyonneau de Pambour.

DATE des EXPÉRIENCES et trajet.	NOMS DES MACHINES.	PENTE du CHEMIN.		Charge de la machine, rapportée au niveau.	Vitesse en kilomètr. par heure.	Pression effective dans la chaudière en kil. par cent. quar.	OBSERVATIONS.
				tonn.	kilomèt.	kil.	
14 juillet 1834.	Atlas.	niveau.		126	27,58	4,29	
	»	descente	1/1094	91	34,06	4,22	
De Liverpool	»	id.	1/849	81	38,17	4,43	Temps beau et calme; eau froide dans le convoi.
à Manchester.	»	montée	1/1300	157	30,17	4,40	
	»	id.	1/4257	135	28,79	4,29	
	»	niveau.		107	24,14	3,80	
16 juillet.	»	descente	1/1094	76	34,48	3,80	Temps beau et calme, eau un peu tiède dans le convoi.
De Liverpool	»	id.	1/849	68	40,34	3,87	
à Manchester.	»	montée	1/1300	131	36,43	3,82	
	»	id.	1/4257	114	31,58	3,72	
	»	niveau.		72	32,18	3,72	
17 juillet.	»	descente	1/1094	51	39,48	3,80	Temps beau et calme; eau très-chaude dans le convoi.
De Liverpool	»	id.	1/849	45	42,04	3,72	
à Manchester.	»	montée	1/1300	90	34,61	3,87	
	»	id.	1/4257	77	33,48	3,72	
17 juillet.	»	descente	1/4257	26	42,59	3,80	Id. id.; la machine a monté seule le plan incliné de 1/89; sur le reste de la route la machine a conduit deux wagons de plus.
	»	id.	1/1300	22	50,57	3,76	
De Manchester	»	montée	1/849	36	44,94	3,87	
à Liverpool.	»	id.	1/89	116	24,14	3,94	
	»	niveau.		199	14,85	3,76	
23 juillet.	»	descente	1/1094	144	22,72	3,72	Temps beau et calme; eau froide dans le convoi.
De Liverpool.	»	id.	1/849	129	26,08	3,72	
à Manchester.	»	montée	1/1300	244	12,87	3,87	
	»	id.	1/4257	213	9,44	3,84	
	»	niveau.		68	32,18	2,35	
31 juillet.	»	descente	1/1094	60	35,11	2,35	Temps beau et calme; on a varié les pressions à dessein.
De Liverpool	»	id.	1/849	54	37,43	2,39	
à Manchester.	»	montée	1/1300	97	31,78	2,18	
	»	id.	1/4257	85	22,78	1,80	
	»	niveau.		41	26,36	1,92	
31 juillet.	»	descente	1/4257	37	31,42	1,76	La machine a gravi le plan incliné 1/89 sans renfort. Temps calme. On a aussi baissé la pression à dessein.
	»	id.	1/1300	29	37,01	1,78	
De Manchester	»	montée	1/849	58	25,87	1,78	
à Liverpool.	»	id.	1/89	206	12,07	3,58	
	»	id.	1/1094	54	25,41	1,74	

DATE des EXPÉRIENCES et trajet.	NOMS DES MACHINES.	PENTE du CHEMIN.		Charge de la machine, rapportée au niveau.	Vitesse en kilomètr. par heure.	Pression effective dans la chaudière en kil. par cent. quar.	OBSERVATIONS.
				tonn.	kilomèt.	kil.	
4 août 1834. De Liverpool à Manchester.	Atlas.	niveau.		130	24,14	3,72	Temps beau et calme; eau froide dans le convoi; ce jour *Atlas* avait un frottement de 87 kil. au lieu de 68 kil.
	»	descente	1/1094	93	27,58	3,72	
	»	*id.*	1/849	83	33,02	3,72	
	»	montée	1/1300	161	24,75	3,76	
	»	*id.*	1/4257	139	24,52	3,72	
De Manchester à Liverpool.	»	*id.*	1/89	223	6,03	4,34	Temps beau et calme.
24 juillet. De Liverpool à Manchester.	Fury.	niveau.		57	27,58	3,87	*Id.*; la machine a monté le plan 1/96 sans renfort; eau froide dans le convoi.
	»	descente	1/1094	41	28,96	3,87	
	»	montée	1/96	248	10,15	4,61	
	»	descente	1/849	35	37,46	3,87	
	»	montée	1/1300	71	35,11	3,91	
	»	*id.*	1/4257	61	34,06	3,87	
24 juillet. De Manchester à Liverpool.	»	niveau.		50	28,16	3,87	Temps beau, vent latéral assez fort par instant; la machine a monté le plan incliné sans renfort; eau froide dans le convoi.
	»	descente	1/4257	46	34,48	3,87	
	»	*id.*	1/1300	36	35,40	3,87	
	»	montée	1/849	69	29,96	3,87	
	»	*id.*	1/89	232	24,14	4,71	
	»	*id.*	1/1094	64	29,70	3,87	
4 août. De Manchester à Liverpool.	»	niveau.		39	40,23	3,69	Temps beau et calme; la machine a monté le plan incliné de 1/89 sans renfort.
	»	descente	1/4257	35	41,37	3,80	
	»	*id.*	1/1300	28	43,35	3,72	
	»	montée	1/849	54	39,60	3,69	
	»	*id.*	1/89	186	21,45	3,87	
	»	*id.*	1/1094	51	39,94	3,69	
26 juillet. De Liverpool à Manchester.	Firefly.	niveau.		42	38,62	3,51	Temps beau; la machine est en mauvais état, elle a été aidée sur le plan incliné à 1/96 par une machine à cylindre de 279 mil. de diam.
	»	descente	1/849	25	40,95	3,16	
	»	montée	1/1300	53	34,26	3,16	
	»	*id.*	1/4257	46	34,32	2,46	
1er août. De Liverpool à Manchester.	Vesta.	niveau.		50	38,62	3,65	Temps calme; la machine a gravi seule le plan incliné à 1/96 jusqu'à environ 60 mètres du sommet; elle a été aidée à bras pour le reste de la montée.
	»	descente	1/1094	34	46,81	3,51	
	»	*id.*	1/849	30	43,44	3,51	
	»	montée	1/1300	62	37,91	3,65	
	»	*id.*	1/4257	53	38,15	3,51	
1er août. De Manchester à Liverpool.	»	niveau.		34	46,66	3,51	Temps beau, vent modéré en faveur du mouvement; la machine a monté le plan incliné à 1/89 sans renfort; eau très-chaude dans le convoi.
	»	descente	1/4257	30	48,27	3,51	
	»	*id.*	1/1300	24	55,90	3,51	
	»	montée	1/849	48	46,55	3,51	
	»	*id.*	1/89	168	22,70	3,87	
	»	*id.*	1/1094	45	46,34	3,51	
16 août. De Manchester à Liverpool.	»	niveau.		95	24,14	3,65	Temps beau et calme; eau tiède dans le convoi; la machine a tiré une partie de son train sur le plan incliné à 1/89.
	»	descente	1/4257	88	29,70	3,74	
	»	*id.*	1/1300	72	38,62	3,74	
	»	montée	1/849	131	19,47	3,87	
	»	*id.*	1/1094	123	30,17	3,65	
15 août. De Liverpool à Manchester.	Leeds.	niveau.		90	29,38	3,85	Temps calme; eau un peu moins que tiède; la machine a été aidée pour le plan incliné à 1/96 par une machine à cylindre de 356 mil. (1).
	»	descente	1/1094	65	33,34	3,80	
	»	*id.*	1/849	58	38,62	3,80	
	»	montée	1/1300	111	32,73	3,80	
	»	*id.*	1/4257	96	30,28	3,80	

(1) On n'ouvre pas entièrement le régulateur, parce que la machine est sujette à *primer*, c'est-à-dire à entraîner l'eau de la chaudière avec la vapeur dans le cylindre.

DATE des EXPÉRIENCES et trajet.	NOMS DES MACHINES.	PENTE du CHEMIN.		Charge de la machine, rapportée au niveau.	Vitesse en kilometr. par heure.	Pression effective dans la chaudière en kil. par cent. quar.	OBSERVATIONS.
				tonn.	kilomèt.	kil.	
	Leeds.	descente	1/4257	37	39,48	3,62	
15 août.	»	id.	1/1300	30	48,27	3,27	Temps beau et calme; eau très-chaude; la machine a gravi seule le plan incliné à 1/89.
De Manchester à Liverpool.	»	montée	1/849	56	40,72	3,27	
	»	niveau.		36	36,20	3,27	
	»	montée	1/89	171	16,09	3,41	
	»	id.	1/1094	47	41,37	3,80	
15 août.	»	niveau.		39	35,09	3,34	Eau tiède dans le convoi; la machine, gravissant seule le plan incliné à 1/96 avec sa charge, s'arrête près du sommet.
	»	descente	1/1094	27	46,81	3,80	
De Liverpool à Manchester.	»	id.	1/849	23	46,60	3,34	
	»	montée	1/1300	49	34,48	2,04	
	»	id.	1/4257	42	30,17	3,27	
12 juillet.	Vulcan.	id.	1/89	191	18,37	4,05	Temps calme; eau à peine tiède.
22 juillet.	»	id.	1/96	189	30,17	4,05	Eau froide; temps beau, vent très-léger contre le mouv.

Nous laissons parler M. de Pambour dans les observations qui suivent :

« Ces expériences montrent mieux que tous les raisonnements possibles ce qu'on doit attendre des machines locomotives dans un service journalier.

« En examinant ce tableau, on reconnaît que le plus grand effet utile est produit à la moindre vitesse.

« Ainsi, prenons, par exemple, une machine de 27^{c}9, travaillant dix heures par jour, à sa plus grande vitesse de 48 kilom. par heure, pour 3$^{kil.}$, 5o de pression effective par centimètre carré dans la chaudière, elle pourra tirer jusqu'à 5o tonneaux métriques, ou 5o,ooo kilog., et à la moindre vitesse, pour une égale pression, dans la chaudière, elle pourra tirer 16a tonneaux.

« En conduisant des trains de 5t tonneaux à la vitesse de 48 kilom. par heure, dans les dix heures de travail, elle aura conduit 5t tonneaux, à 48o kilom., ou ce qui revient au même,

$$51 \times 48o = 24.48o^{\,tonn.} \text{ à } 1 \text{ kilom.}$$

« En conduisant des trains de 16a tonneaux à la vitesse de a5 kilom. par heure, elle aurait dans le même temps (de dix heures) conduit 16a tonneaux à a5o kilom., transport équivalent à

$$162 \times 250 = 40.500^{\text{tonn.}} \text{ à } 1 \text{ kilom.}$$

« Il y a donc un avantage considérable à faire, quand on le peut, travailler les machines avec les plus grandes charges possibles qui correspondent aux moindres vitesses. On doit remarquer que la différence entre les deux effets serait encore plus grande si, de chaque charge, on avait déduit le convoi d'approvisionnement, comme faisant, sous le rapport de l'effet utile, partie de la machine et non de son train.

« Il est à peine nécessaire d'ajouter que, quand la vitesse devient la condition expresse du transport, comme lorsqu'il s'agit du transport des voyageurs, ces considérations ne peuvent s'appliquer. Nous ne parlons ici que théoriquement.

« La différence que nous venons de trouver dans l'effet utile produit, tient à ce que, dans les deux cas, la résistance propre de la machine est restée la même, et dans le premier cas, cette machine a dû être tirée à une distance de 480 kilom., et dans le deuxième, à une distance de 250 kilom. seulement.

« Il en est de même encore de la pression atmosphérique qui forme une partie de la résistance sur le piston. La machine ayant parcouru, dans une circonstance, presque double distance que dans l'autre, il a fallu qu'elle donnât un double nombre de coups de piston, et comme, à chacun de ces coups de piston, la pression atmosphérique doit être vaincue, on voit que la dépense de force motrice, nécessaire pour surmonter la résistance de l'atmosphère, est en raison des nombres 480 et 250 ; c'est-à-dire que cette force est aussi bien que celle qui est nécessaire pour mouvoir la machine, en raison des vitesses du transport. C'est une preuve qu'en calculant les effets des machines locomotives, on ne peut, comme on le fait ordinairement, négliger en toute circonstance la pression atmosphérique, et que ce n'est que dans les cas où la vitesse n'entre pour rien, que cette simplification peut se faire sans erreur. »

Dans un prochain article nous aurons à étudier les *courbes*, les *pentes* que l'on donne aux lignes des rails-routes et leur influence sur les charges à traîner; nous tâcherons de voir aussi les quantités de combustible dépensé par les machines locomotives, proportionnellement aux effets qu'elles produisent.

§ XIX.

Wagons, ou voitures pour le transport des voyageurs, employés sur les chemins de fer.

WAGONS ORDINAIRES GARNIS, PL. 22 ET 23.

Les diverses espèces de voitures employées sur les rails-routes pour transporter soit des voyageurs, soit des marchandises, reçoivent le nom de *diligences*, de *wagons garnis* et *non garnis*, *couverts* et *non couverts*, *wagons de terrassement*, etc.

Nous aurons à faire connaître la construction de ces différentes voitures, en faisant ressortir surtout les particularités qui les distinguent.

Nous donnons, dans les pl. 22 et 23, les vues d'ensemble et les coupes verticales d'un wagon ordinaire garni et couvert, semblable à ceux qui sont employés sur les routes de Saint-Germain et de Versailles. Il est ainsi appelé, parce qu'il est fermé de tous côtés par des rideaux ou tentures, et au-dessus par un plafond en planche recouvert en zinc ou en plomb.

Ces wagons sont en général disposés pour contenir trente-deux personnes; pour cela ils sont distribués en quatre compartiments principaux, lesquels renferment chacun deux banquettes garnies de coussins; sur chaque banquette peuvent se placer très-aisément quatre personnes, car la largeur de la voiture mesurée intérieurement, est de plus de $2^m \cdot 25^c$, ou d'environ 7 pieds. Ce wagon est tout à fait symétrique par rapport à deux plans verticaux, qui le couperaient par le milieu, dans le sens de la longueur comme dans le sens de la largeur. Cette disposition est très-commode et très-avantageuse, parce que dans le trajet, en allant comme en revenant, la voiture est toujours bien placée, on n'a pas à la tourner sur elle-même pour changer le sens du mouvement, il y a toujours autant de personnes qui font face à la machine locomotive, que de celles qui lui sont opposées.

La fig. 1 de la pl. 22, représente une élévation de la voiture, vue extérieurement dans le sens de sa longueur.

La fig. 2 en est un plan de la carcasse, en supposant qu'elle soit vue en dessous.

La fig. 3 de la planche 23 est une coupe longitudinale faite par le milieu du wagon.

La fig. 4 désigne une vue par le bout, et la fig. 5, une coupe transversale et verticale, passant au centre même de la voiture.

Il est facile de voir, par ces figures, toute la construction de la voiture : sa carcasse se compose de deux longs madriers A qui sont évidés et rainés intérieurement pour porter le plancher A', lequel repose de distance en distance sur des soliveaux, ou traverses F qui s'assemblent à chaque bout avec les madriers, et sont ensuite boulonnés sur les trois pièces longitudinales D et D', et en même temps sur les traverses diagonales E.

La pièce du milieu D' est moins épaisse que les deux autres placées parallèlement sur les côtés ; mais elle est garnie sur toute sa face inférieure d'une bande de fer méplat qui règne sur toute la longueur, et retenue par les mêmes boulons qui y maintiennent les soliveaux F. A la jonction de cette pièce avec les diagonales E, sont les ferrements b qui consolident leur assemblage.

Trois traverses B viennent s'assembler au-dessous des longues pièces D et s'y fixent avec des boulons ; celles placées aux extrémites sont surmontées des deux autres traverses C, retenues sur elles par les mêmes boulons, et recevant au milieu de leur jonction les crochets à moufle a, auxquels sont suspendues les chaines qui doivent lier le wagon avec celui qui le précède comme avec celui qui le suit.

Contre les deux longs madriers D, sont boulonnés les supports à fourchette e en forte tôle, et renfermant entre leurs branches les boîtes à graisse ou coussinets f, dont nous aurons occasion de donner un détail dans une planche spéciale, lorsque nous étudierons la construction des diligences et des voitures de marchandises. Sur ces coussinets pressent les ressorts d, disposés en lames minces, comme dans les locomotives, et retenues par leurs extrémités dans les guides, ou chaines en fer e.

Dans ces boîtes à graisse tournent les tourillons des essieux en fer forgé G, sur lesquels sont montées à demeure les roues H. Ces roues n'ont que 98 centimètres de diamètre, mesuré au contact des rails ; elles se composent d'un double cercle en fer dont le plus grand est à rebord, comme les roues de locomotives. Leurs bras I sont en fer méplat recourbé, en forme de triangle mixtiligne, dont la partie circulaire coïncide avec la paroi intérieure de' la jante et fixée contre elle ; leur moyeu est en fonte, d'une seule pièce, comme nous le verrons plus loin.

Les portes pleines R, par lesquelles les voyageurs peuvent s'introduire dans la voiture, sont assemblées à charnières contre les panneaux fixes J, et fermées par les loquets l; on peut encore, au besoin, pour plus de sûreté les fermer en tournant le bouton k. Des marchepieds g, directement placés au-dessous de ces portes, sont fixés sous les premiers madriers A.

Le dessus de la voiture forme un plafond en planches n, légèrement bombé, et qui peut être recouvert d'une feuille mince de plomb, de zinc ou de cuivre; il est d'ailleurs supporté par les faibles montants cylindriques m. Enfin, aux deux extrémités du wagon, sont placés des tampons à ressort h qui amortissent considérablement le choc dans des moments d'arrêt immédiat.

Ces voitures sont, comme on le voit, très-légères et très-simples de construction ; et, à leur élégance de forme, elles joignent l'avantage de la commodité pour les voyageurs.

§ XX.

Wagons de terrassement.

WAGON A QUATRE ROUES VERSANT SUR LE DERRIÈRE, PL. 24.

Les wagons de terrassement sont très-utiles dans la construction des chemins de fer, pour opérer les déblais et les remblais, parce que, traînés par une locomotive sur la partie de la route déjà établie, ils concourent puissamment à son achèvement, en transportant à la fois une masse considérable de terre, de pierres on de moëllons, d'une distance à une autre avec la plus grande célérité.

Les wagons de terrassement sont de deux constructions bien distinctes :

Les uns comprennent les wagons qui versent sur le derrière, comme celui qui est représenté sur la pl. 24.

Les autres comprennent ceux qui versent sur le côté, comme celui de la pl. 25.

La fig. 1 de la pl. 24 représente une élévation latérale du wagon, avec l'indication, en lignes ponctuées, de la caisse versant sur le derrière.

La fig. 2 est une projection verticale vue par le bout, du côté où s'opère le versement.

La fig. 3 désigne un plan général du chariot, la caisse étant simplement figurée par des lignes ponctuées pour laisser voir la carcasse.

La fig. 4 représente une autre vue par le bout du wagon, du côté opposé à la fig. 2.

Ce wagon se compose de quatre parties principales, savoir :

1° De la caisse qui contient les matériaux à transporter ;

2° Du train ou chariot qui sert à porter cette caisse ;

3° Des essieux ou des roues sur lesquels le chariot est monté ;

4° Du frein à l'aide duquel on modère ou on arrête le mouvement du wagon.

La caisse est un grand coffre A, ayant la forme d'un parallélipipède dont la base inférieure est un fond en fortes planches, et les deux côtés latéraux sont en madriers de 55 mill. d'épaisseur. Le troisième côté, à l'avant, est plus mince que les deux précédents, et se trouve consolidé par des montants en chêne. Le quatrième côté est fermé par une porte inclinée B, qui est assemblée à charnière à la partie inférieure de la caisse et maintenue fermée, comme l'indique le dessin, au moyen de deux arcs en fer plat a, boulonnés sur cette porte même. Ces arcs se terminent d'un bout par un tourillon b, qui peut librement tourner dans un piston c, fixé à l'angle de la caisse, et de l'autre par un crochet d, qui s'engage dans l'œil d'une pièce d'arrêt en fer e. Cette pièce est en forme de quart de cercle, ayant à son milieu une échancrure, au moyen de laquelle elle est maintenue accrochée dans l'étrier en fer f. Ainsi, tant que la pièce d'arrêt est engagée dans cet étrier, comme elle est représentée en lignes pleines sur la vue longitudinale (fig. 1ʳᵉ), la porte B est fermée ; mais aussitôt qu'elle est décrochée, cette porte s'ouvre, ce qui a lieu au moment où on fait prendre à la caisse l'inclinaison qu'on lui a donnée en lignes ponctuées sur cette même figure. La porte se trouve alors dans un plan incliné qui est justement dans le prolongement même de celui du fond de la caisse. Par conséquent, tous les matériaux qui glissent le long de ce plan incliné continuent leur mouvement descensionnel jusqu'à ce qu'ils soient parvenus à l'extrémité de la porte, qui les conduit de cette sorte à très-peu de distance du sol.

Pour que la caisse puisse prendre avec facilité ce mouvement de bascule, il faut qu'elle soit montée sur deux tourillons g, placés de telle sorte que, par la moindre pression opérée à l'arrière, on la fasse mouvoir, après avoir enlevé le boulon h qui la retient à l'avant. Ces deux tourillons g traversent d'une part les deux étriers coudés en fer C, boulonnés au fond de la caisse, et embrassant le madrier D qui, comme les deux autres D', D^2, soutiennent ce fond; ils sont portés, d'une autre part, par les deux branches des supports en fonte E, lesquels sont recouverts des équerres en fer i qui se boulonnent sur deux pièces de bois faisant partie du train de la voiture.

Le boulon h qui doit maintenir la caisse dans sa position horizontale, pendant le mouvement du wagon, traverse trois colliers en fer méplat h' dont l'un est boulonné au madrier D^2, qui fait corps avec la caisse, et les deux autres sont boulonnés à la traverse en bois F, de même dimension que ce madrier, et faisant corps avec le train. La cheville ou clavette qui retient le boulon h engagé dans les colliers reste suspendue à une petite chaînette fixée au madrier, lorsqu'on doit enlever le boulon.

DU TRAIN.

Celui-ci se compose d'un fort châssis en charpente dont les deux grands côtés G se prolongent pour former avant-train et portent vers leurs extrémités les crochets j auxquels sont suspendues les chaînes qui doivent lier ce wagon avec celui qui le suit comme avec celui qui le précède. (Voy. la fig. 3 qui montre un plan horizontal du wagon, la caisse étant supposée enlevée, et figurée seulement en lignes ponctuées.) Ces côtés sont maintenus par deux longs tirants en fer k, placés diagonalement, comme le montre le plan fig. 3, ils sont de plus assemblés avec la traverse H, placée à l'avant, et l'autre traverse H', située au-dessous et vers l'arrière. » (Voy. les vues par le bout du wagon, fig. 2 et 4.)

Sur ces deux mêmes grands côtés G du châssis sont superposés deux madriers I, de même épaisseur, mais plus courts, qui à l'arrière sont découpés en plan incliné, et à l'avant supportent la traverse en bois F sur laquelle repose le madrier D^2. Au-dessus de ces madriers I, sont placés les supports en bois I', sur lesquels se boulonnent les équerres en fer i qui servent de chapeaux aux tourillons g (fig. 1).

DES ESSIEUX ET DES ROUES.

Le train est monté sur quatre roues en fonte J, d'égal diamètre, et à rebord saillant comme dans toutes les autres voitures qui roulent sur les routes en fer.

Ces roues sont montées sur deux essieux en fer forgé K, évidés à chaque bout pour former tourillons et tourner dans les coussinets ou boîtes à graisse l (nous verrons le détail de l'une de ces boîtes dans la planche suivante); elles sont boulonnées au-dessous des longs madriers G. Au-dessus de ces coussinets ne se trouvent pas des ressorts comme dans les voitures destinées aux voyageurs : on conçoit en effet qu'ils seraient ici de fort peu d'utilité ; car, suivant M. de Pambour, il n'existe presque point de différence pour le frottement occasionné sur les rails par des wagons à ressort et des wagons sans ressort, aussi en a-t-il conclu de ses expériences que, dans un cas comme dans l'autre, on devait considérer le frottement des wagons en général comme étant de 3$^{kil.}$ 6 par tonneau. »

Nous voyons par les différentes figures de ce dessin que les roues sont placées en dedans des coussinets et des supports, ce qui a permis de réduire d'une manière bien sensible le diamètre des tourillons des essieux, parce qu'ils n'ont d'autre effort à supporter que le poids du corps du wagon et de sa charge, lequel peut être considéré comme étant de 4,000 kilog (1), « tandis que si les roues avaient été placées en dehors des

(1) Le poids d'un wagon vide peut être estimé à 12 ou 1,300 kilogr. ; lorsqu'il est chargé de matériaux provenant des terrassements, la charge entière peut être évaluée à 4,000 ou 4,200 kil. La capacité de la

coussinets, il eût fallu nécessairement conserver aux tourillons la grosseur donnée au corps de l'essieu, lequel porte 75 millimèt. de diamètre, car, dans ce cas, non seulement ils devraient porter le poids du wagon chargé, mais encore résister aux pressions latérales et aux forces de torsion qui s'exercent constamment contre ces roues pendant le mouvement. »

DU FREIN.

Chaque wagon de terrassement est ordinairement muni d'un frein au moyen duquel on peut ralentir considérablement sa vitesse et par suite celle du convoi, et même on pourrait au besoin l'arrêter complètement. Dans le wagon représenté pl. 24, comme dans celui que nous verrons pl. 25, le frein se compose d'un grand levier courbé L en fer forgé, qui est terminé par une poignée au moyen de laquelle on peut le manœuvrer, il est mobile autour d'un goujon fixe m qui est adapté sur le côté de l'un des longs madriers G, et son extrémité inférieure est engagée dans le bout d'une bascule horizontale en bois M; ce balancier peut tourner très-aisément dans un plan horizontal autour du boulon n qui le tient suspendu au-dessous de la traverse H'. Enfin avec cette bascule est assemblé le soc en bois O ou le frein proprement dit, découpé suivant la circonférence extérieure même de la roue contre laquelle il doit s'appliquer.

Par cette disposition, il est facile de voir que si en pressant sur l'extrémité du grand levier L, du côté de sa poignée, on lui fait occuper la position indiquée en lignes ponctuées sur la fig. 1re, l'autre bout de ce levier tendra à pousser la bascule M vers la gauche, et par suite fera appuyer le frein très-fortement contre la surface de la roue, et exercera sur elle un frottement d'autant plus considérable que l'on pressera davantage sur le levier. Mais tant que ce dernier occupe la position indiquée en lignes pleines, le frein n'a aucune action, on peut même le maintenir dans cette position au moyen d'un crochet fixé au madrier et dans lequel on l'engage.

caisse étant d'environ 1 m. c. 50, si les matériaux qu'elle contient pèsent 2,000 kil. moyennement par mètre cube, leur poids total est nécessairement de 3,000 kil., en admettant la caisse pleine.

Wagon de terrassement versant sur le côté (Pl. 25).

La construction de ce wagon est exactement la même que celle que nous venons d'étudier, il n'existe de différence que dans la disposition de la caisse : aussi nous aurons peu de choses à dire sur ce système.

Il est facile de voir, en effet, par les fig. 1, 2 et 3 de la pl. 25, que cette voiture est tout à fait pareille à la précédente ; seulement la caisse est placée dans le sens de la largeur du wagon, au lieu de se trouver dans le sens de la longueur, comme dans le cas de la pl. 24. Ainsi, il a suffi de changer de direction les parties qui doivent supporter cette caisse ; c'est du reste ce que l'on peut aisément reconnaître sur les figures.

Nous n'avons donc qu'à ajouter quelques explications relatives aux détails de certaines pièces qui se rapportent à la fois aux deux systèmes de wagons.

Ainsi les fig. 4 et 5 représentent, au cinquième de grandeur d'exécution, l'une des roues en fonte *J* qui supportent ces wagons. Nous disions plus haut que ces roues sont toutes en fonte, d'une seule pièce ; on voit de plus, par ce détail, que leur moyeu est fendu en quatre parties : il revient ainsi exprès de la fonte, afin qu'au moyen de deux frettes en fer *o* et de quatre cales en fer chassées de force dans les fentes, on puisse les resserrer et les maintenir très-solidement sur leurs essieux, ces bagues ou frettes sont placées à chaud, de sorte que dans le refroidissement, elles diminuent de diamètre, et tendent alors à rapprocher les parties du moyeu.

Les fig. 6 et 7 représentent une coupe verticale et un plan vu en dessus des supports en fonte *E*, qui reçoivent les tourillons servant d'axes pivotants à la caisse, dans les deux systèmes de wagons.

La fig. 8 désigne en plan et en élévation les équerres en fer *i* qui recouvrent les supports précédents.

La fig. 9 est un détail de l'étrier en fer *f* au moyen duquel on maintient la porte de la caisse fermée.

Les fig. 10 et 11 donnent une élévation et un plan vu en dessous de l'une des boîtes à graisse en fonte qui reçoivent les tourillons des essieux. La fig. 12 est une coupe verticale, faite par le milieu de la boîte, parallèlement à l'élévation précédente, et la fig. 13 est une seconde coupe faite perpendiculairement à celle-ci.

§ XXI.

LA SEINE.

Machine locomotive à quatre roues, construite par M. Edward Bury, de Liverpool.

Nous complétons la série des locomotives anglaises par une petite machine de Bury, qui a été aussi importée en France, et dans laquelle nous avons remarqué des dispositions particulières, qui n'existent pas dans celles que nous avons étudiées jusqu'ici. Nous avons pensé que ces dispositions présenteraient quelque intérêt à être connues, et nous donnons les vues principales de la machine, lesquelles pourront suffire pour la faire comprendre.

Cadre ou bâtis de la machine.

L'une des premières particularités à remarquer dans cette machine de Bury, consiste dans la construction de son bâtis, ou du cadre sur lequel reposent la chaudière et les accessoires. Nous avons vu que ce cadre est un châssis rectangulaire en bois, dans les précédentes locomotives; dans la machine *la Seine*, tout le cadre, à l'exception de la traverse du devant, est en fer méplat, ce qui lui donne un aspect de légèreté qu'on n'est pas habitué à voir dans les autres. Ce cadre est représenté en élévation sur une figure particulière (fig. 5, pl. 29) pour le distinguer plus facilement des autres parties de la machine. Par les fig. 3 et 4, pl. 28, et le plan général, fig. 6, pl. 29, on voit que les roues sont placées à l'extérieur du cadre; tandis que dans les locomotives déjà étudiées, elles se trouvent toutes à l'intérieur; cette disposition permet ainsi de rétrécir la largeur de la machine et d'éviter les grandes traverses en fer que nous avons vues placées longitudinalement sous la chaudière, elle facilite aussi l'ajustement des roues sur leurs essieux. Mais il faut dire aussi que, s'il arrivait qu'une roue vînt à se décaler pendant la marche de la machine, celle-ci tomberait immédiatement, et il pourrait en résulter des accidents graves, au lieu que dans le cas où les roues sont à l'intérieur du cadre, le même inconvénient ne peut exister, la roue ne tomberait pas lors même qu'elle se décalerait, elle glisserait sur l'essieu, et pourrait donner le temps d'y remédier.

Nous n'avons pas à parler des roues dont nous avons déjà étudié la construction dans la pl. 16; il est facile de voir qu'elles sont semblables à celles détaillées.

Foyer, grille et chaudière.

Le foyer de *la Seine* a une forme particulière que nous n'avons pas vue non plus dans les machines des autres constructeurs; toute sa surface latérale, excepté celle qui reçoit l'assemblage des tubes, forme un cylindre vertical, dont la base est la grille circulaire a, sur laquelle se place le combustible. La partie supérieure est une surface convexe qui, tout en présentant un peu plus de surface de chauffe, présente aussi plus de solidité pour résister à la pression de l'eau et de la vapeur qui se trouvent au-dessus. — Cette forme évite les cornières que l'on place horizontalement sur la surface droite horizontale du foyer, lorsque celui-ci est rectangulaire. Les barreaux de la grille doivent nécessairement varier de longueur, suivant la courbure circulaire; les trois du milieu sont, comme dans *la Jackson*, disposés à charnières pour se renverser au besoin; ils ne reposent pas par une de leurs extrémités sur la barre circulaire b, qui porte les autres barreaux, mais on les maintient dans leur position par le levier coudé c, que l'on fait tourner sur lui-même, comme nous l'avons vu dans *la Jackson*. Le cendrier e, placé sous la grille, a aussi la forme cylindrique comme la partie de la chaudière qu'environne le foyer, il en est pour ainsi dire le prolongement. Il est maintenu au bas de celle-ci par des boulons à clavettes que l'on retire lorsqu'il est nécessaire.

Tuyau d'admission et distribution de vapeur.

Toute la partie de la chaudière qui renferme les tubes, est, comme dans toutes les locomotives, un cylindre en tôle; mais celle qui couvre le foyer forme une calotte sphérique, laquelle est surmontée de la cloche *F*, qui porte l'une des soupapes de sûreté à levier et à ressort. Dans cette cloche débouche la branche courbée du tuyau d'admission *I* qui, prenant une forme rectangulaire vers sa partie inférieure, s'élargit dans un sens pour se rétrécir de l'autre. A la jonction de cette branche avec la longue partie horizontale du même tuyau, se trouve le régulateur *J* qui, dans cette machine, présente une forme particulière. Ce régulateur n'est autre qu'un manchon en cuivre évidé d'un bout, et ajusté exactement dans la partie alézée du tuyau. Sur la circonférence de ce manchon, est pratiquée une gorge cylindrique de même largeur que l'orifice rectangulaire qui communique de la branche courbée du tuyau à sa partie horizontale. Un trou est percé à son centre pour recevoir la tige en fer 1, que l'on fait tourner à volonté sur elle-même par le levier à poignée *n*. Sur la partie de cette tige engagée dans le trou du régulateur, se trouve une petite nervure saillante 2, fixée sur elle comme une dent d'engrenage; cette nervure se loge dans une cannelure hélicoïde pratiquée, comme une portion de vis à filet carré, dans l'intérieur du manchon. Or, lorsqu'on manœuvre le levier à poignée *n*, l'axe 1 tourne sur lui-même; mais, retenu dans la boîte à étoupes adaptée à la chaudière, il ne peut glisser dans le sens de sa longueur, il force donc le manchon à marcher d'un côté ou de l'autre, comme un écrou repoussé par une vis de rappel, par conséquent, il pourra lui faire présenter sa gorge cylindrique en face la jonction rectangulaire des deux parties du tuyau *I*, ou bien l'en faire écarter. Dans le premier cas, qui est celui supposé sur la coupe longitudinale, fig. 2, pl. 27, la communication est complètement interceptée; dans le second, au contraire, le manchon étant tiré de gauche à droite, découvre l'orifice rectangulaire, et laisse pénétrer la vapeur dans la partie horizontale du tuyau d'admission.

Nous voyons que dans cette machine, comme dans *la Jackson*, ce tuyau traverse toute la longueur de la chaudière, pour se partager dans la capacité qui renferme les cylindres, en deux branches qui communiquent aux boîtes de distribution. Ces boîtes renferment chacune un seul tiroir p, dont le châssis rectangulaire qui l'environne fait corps avec la tige horizontale q, à laquelle le mouvement de va et vient est donné, du reste, comme dans la locomotive que nous venons de nommer, au moyen des excentriques S, S' placés sur l'arbre moteur Q, des bagues T et T', qui embrassent ces excentriques, et des tirants U, U' qui lient ces bagues au levier e et e', lesquels sont montés sur l'axe horizontal V. Ce dernier est en deux parties, dont l'une est un canon creux alézé, et l'autre y est ajustée dans toute sa longueur, de manière à ce que tout en tournant dans leurs coussinets, leur mouvement n'en soit pas moins indépendant l'un de l'autre. Nous avons pu voir déjà que les deux leviers f' et f^2, montés sur chacune des parties du même axe V, s'engagent par leur extrémité dans les châpes en fer qui se lient aux tiges des tiroirs et leur transmet ainsi le mouvement alternatif résultant des excentriques. D'un côté, ces châpes sont fixées aux tiges par une clavette; elles forment, du côté opposé, le prolongement même de ces tiges, pour être maintenues dans leur direction rectiligne par une pièce en fer qui leur sert de guide. (Voir pour plus de détails la description de *la Jackson*.)

Disposition pour la mise en train et le mouvement progressif ou rétrograde de la machine.

La disposition adoptée par Edward Bury, pour pouvoir mettre l'appareil en train, et déterminer son mouvement progressif ou rétrograde, a beaucoup d'analogie avec celle que nous avons étudiée dans la première locomotive. Ainsi, à l'arrière de la machine se trouvent les deux manettes p et p', placées à la main du conducteur, et liées par leur partie inférieure aux longues tringles inclinées q' et q^2 (voy. fig. 5, pl. 29), lesquelles sont assemblées par leur autre extrémité aux leviers n', n^2 qui sont montés, l'un sur le bout de la partie creuse de l'arbre V, et l'autre sur le même bout de la deuxième partie qui traverse celle-ci, comme on le voit dans le plan, fig. 6. On sait qu'en manœuvrant ces manettes, on fait mouvoir alternativement les tjroirs, sans le jeu des excentriques, ce qui doit avoir lieu quand il faut mettre la machine en marche ; mais on sait aussi qu'il faut auparavant avoir le soin de dégager les tirants U et U' des leviers e et e', auxquels ils sont accrochés. C'est ce que l'on peut obtenir par la longue tige en fer l', laquelle, terminée par une poignée m' placée du côté des manettes, porte vers cette extrémité deux encoches qui peuvent être engagées alternativement par la même pièce d'arrêt m^2 fixée à la chaudière. L'autre extrémité de cette tige est assemblée par articulation au levier n', montée sur le bout de l'axe horizontal K^2; celui-ci est obligé d'occuper une position relative à la direction qu'on fait prendre au levier; et, comme vers son milieu se trouvent placés deux autres leviers très-courts j' et j^2, d'ailleurs situés dans une direction perpendiculaire à celle du précédent, il est évident que ceux-ci devront nécessairement obéir au mouvement alternatif imprimé au premier, et par suite ils déplaceront les deux tiges i' et i^2, auxquelles les courts leviers sont assemblés par articulation. Or, ces tiges descendent à peu près verticalement pour s'attacher aux tirants U et U'. Ainsi, suivant l'une des deux positions donnée à la longue tige l', ces tirants devront occuper une position relative; c'est-à-dire que tant que cette tige restera dans la position qu'elle occupe sur le dessin, fig. 5, où l'on voit que la pièce d'arrêt m' est engagée dans sa première encoche , les deux tirants resteront liés aux leviers e' et e^2, auxquels alors ils impriment le mouvement alternatif qui leur est transmis par les excentriques. Mais si le conducteur de la machine tire la tige à lui, pour ramener la deuxième encoche sur la même pièce d'arrêt : les leviers K' et j', j^2, occuperont les directions différentes à celles qu'ils avaient d'abord, le premier sera tiré vers la droite, les deux autres se trouveront soulevés et avec eux les tiges i' et i^2, comme aussi les tirants U et U' qui alors seront entièrement dégagés des deux leviers e' et e^2.

Pour opérer le changement de position des excentriques sur l'essieu moteur, afin de déterminer le mouvement progressif ou rétrograde de la voiture, Bury a adopté comme Jackson le système de pédale, d'axe, et de fourche, que nous avons déjà étudié. — Ce système est suffisamment représenté sur les fig. 5 et 6 de la pl. 29 : nous croyons qu'il serait inutile de nous y arrêter.

Glissières ou guides des tiges de pistons.

Nous avons eu occasion d'étudier, dans les précédentes machines, le mode employé pour guider les tiges de pistons à vapeur dans leur mouvement rectiligne ; nous ferons remarquer que, dans *la Seine*, le constructeur ayant complètement supprimé les traverses longitudinales qui réunissent les deux extrémités de la chaudière, et portent aussi les coulisseaux, n'a pu y appliquer le même moyen ; il a dù nécessairement chercher un autre point d'appui pour porter ces derniers. Pour cela, il s'est servi de quatre tiges en fer 3 exactement parallèles, et toutes situées dans un même plan passant par les axes des cylindres à vapeur. Ces tiges sont fixées, d'une part, aux couvercles même des cylindres, et de l'autre, à de courtes traverses en fer 4, lesquelles font corps avec la pièce M^2, qui est solidement assujettie au milieu de la chaudière. Les axes en fer des châpes *a* qui servent à joindre les tiges des pistons avec les bielles, portent de chaque côté de celles-ci les coulisseaux 5, formés chacun de deux brides en fer réunies par des boulons et embrassant exactement, mais sans les serrer, les tiges carrées 3, de manière à pouvoir glisser sur ces dernières, librement et sans jeu. Par cette disposition les tiges de pistons parcourent toujours des lignes droites situées dans le plan des axes des cylindres à vapeur.

Pompes alimentaires.

Le mouvement des pistons des pompes alimentaires *Y* dépend aussi, comme dans *la Jackson*, de celui des pistons moteurs ; leur tige est directement attachée par un boulon à une oreille ménagée pour cet effet à la glissière 5, comme le montre bien le plan fig. 6. Ces pompes sont, du reste, analogues à celles que nous avons eu occasion de détailler dans nos premières planches ; le machiniste peut se rendre compte si elles fonctionnent bien, au moyen des longues tringles minces d^3 qui sont à sa portée, et qui lui servent à ouvrir les robinets d'épreuve e^3.

Chasse-pierres.

Nous n'avons pas jusqu'ici parlé du moyen appliqué aux locomotives pour enlever sur la surface des chemins de fer, les pierres ou autres corps étrangers qui **peuvent s'y rencontrer**, qui sont nuisibles au mouvement des machines, et peuvent même parfois occasionner des accidents graves. L'instrument préservateur employé pour cet objet, a reçu le nom de *chasse-pierres*. Il se compose d'une forte barre rigide en fer carré P^3, placée verticalement à l'avant de la machine et directement au-dessus des rails. La partie inférieure de cette barre présente une surface trapézoïdale inclinée à la direction du chemin. On voit par les élévations, pl. 26 et 27, qu'elle descend jusqu'à peu de distance des rails, et dans la marche de la voiture elle doit nécessairement repousser l'obstacle qu'elle rencontre en dehors de la voie, à cause de l'inclinaison donnée à sa partie inférieure.

Cette barre rigide est fixée à la traverse M' de l'avant du cadre de la machine, par deux forts colliers à pattes boulonnés à cette traverse.

MM. Humbert et Sageret, architectes à Paris, ont proposé un nouveau mode de construction de *chasse-pierres*, qui consiste à rendre la barre flexible, comme un ressort, au lieu de la faire rigide, de manière à fléchir devant le corps qu'elle rencontre, jusqu'à ce que, devenant suffisamment bandé, il soit capable de chasser le corps. (Ce *chasse-pierres* est décrit dans les nᵒˢ de janvier et février 1839, du *Bulletin de la Société d'encouragement*.)

Légende explicative des planches qui représentent la machine de Bury.

Pl. XXVI.

Fig. 1. Élévation longitudinale de la machine vue extérieurement, du côté opposé aux tiges et tringles au moyen desquelles on peut la diriger.

Pl. XXVII.

Fig. 2. Coupe verticale faite par l'axe de la chaudière et aussi par l'axe de l'un des cylindres à vapeur, afin de permettre de voir la communication entre les diverses parties principales de la machine.

Pl. XXVIII.

Fig. 3. Coupe transversale et verticale faite par l'axe des grandes roues, suivant la ligne $A\,B$ du plan (fig. 6).

Fig. 4. Coupe verticale par l'axe de la cheminée, montrant la disposition des tuyaux d'entrée et de sortie de vapeur.

Pl. XXIX.

Fig. 5. Élévation du cadre de la machine détaché, vu du côté des tringles par lesquelles le conducteur peut la mettre en train, ou changer le sens de son mouvement.

Fig. 6. Plan général de la machine, la chaudière étant enlevée ; ce plan est vu à la hauteur du cadre de la voiture.

§ XXII.

TENDER

Construit par MM. Sharp et Roberts, de Manchester.

Pl. 30, 31 et 32.

Le tender, ou fourgon d'approvisionnement, établi par MM. Sharp et Roberts, est d'une construction vraiment remarquable pour sa solidité comme pour la bonne disposition de toutes les parties qui le composent. Il se distingue des autres appareils de même espèce, en ce qu'il est exécuté entièrement en fonte et en fer; les caisses qui contiennent l'eau et le charbon, comme la carcasse, sont entièrement en tôle; il n'existe aucune pièce de charpente en bois. Il est facile de reconnaître, à son aspect, qu'il n'est pas du tout semblable à celui dont nous avons donné les dessins.

Capacités pour l'eau et le combustible.

Les constructeurs, en établissant la caisse en tôle *A* qui doit contenir l'eau nécessaire à l'alimentation de la machine, lui ont donné une forme toute particulière, et qui paraît très-convenable pour cet objet. En effet, on voit, par la coupe verticale, fig. 3, que presque tout le contour extérieur de cette caisse est arrondi; elle paraît imiter en quelque sorte la forme que tend à prendre une masse d'eau lancée dans la direction même que prend le convoi dans sa marche rapide. La pression de l'eau, continuellement en mouvement pendant le trajet, est plus régulière, plus égale sur toutes les parois de la caisse, elle ne produit pas, en retombant sur elle-même, de fortes secousses qui réagissent nécessairement sur tout l'appareil, lorsque la caisse est d'une forme rectangulaire, et que les deux faces de l'avant et de l'arrière sont verticales et parallèles. Les feuilles de tôle qui la composent sont assemblées et rivées entre elles et avec des bandes et des cornières en fer, auxquelles on a donné, par avance, la courbure et la direction convenables.

La grande et large feuille qui forme le fond de la caisse, se prolonge en dehors à l'avant de l'appareil pour servir à former en même temps le plancher du casier ou du coffre à charbon *B*. Celui-ci occupe, comme la caisse à eau, toute la largeur de l'appareil, laquelle est de 1 ^{m} 89, mesurée intérieurement des tôles. Les deux côtés verticaux et parallèles qui ferment ce coffre et la caisse, occupent presque toute la longueur du tender; ils sont composés de feuilles de tôle qui, ensemble, présentent la figure que nous voyons sur l'élévation (pl. 3o, fig. 1). Les règles ou bandes de fer qui servent à leur assemblage, joints aux encadrements peints sur les feuilles, et que nous avons seulement indiqués sur cette figure par une teinte grise, donnent à l'extérieur de l'appareil un bel aspect, tout en lui laissant la rigueur d'exécution qui le distingue.

La capacité de la caisse à eau est telle qu'elle peut contenir 3,250 à 3,300 litres. Ainsi, en admettant que la locomotive qu'elle doit alimenter dépense 64 kilog. ou litres d'eau par kilomètre de parcours, on voit qu'elle serait capable de fournir à la machine, pendant un trajet de 5o kilom. Toutefois nous devons observer que l'on ne doit jamais attendre que le tender soit complètement vide pour le remplir; après un parcours de 3o à 35 kilom., on renouvelle ordinairement l'approvisionnement.

La quantité de coke consommée par une locomotive, étant nécessairement proportionnelle à la quantité d'eau dépensée, il faut évidemment que la capacité du coffre à charbon soit suffisante pour contenir autant de combustible qu'il peut s'en consommer pour la dépense d'eau. Or, si nous admettons qu'un kilogramme de coke puisse, dans une locomotive, réduire en vapeur 8 kilog. d'eau, on voit que, dans le tender que nous étudions, il faudra que l'espace ménagé pour le combustible puisse en contenir 4o6 à 412 kilog. (1).

Une tubulure en tôle *a*, dont on enlève le couvercle à volonté, permet d'introduire au besoin l'eau dans la caisse, et les tuyaux en cuivre *b*, placés à la partie inférieure de celle-ci, amènent cette eau à la machine, lorsque les robinets *c* dont ils sont munis sont ouverts. Ces robinets sont placés

(1) Dans le fourgon représenté sur les pl. 12, 13 et 14, la capacité pour l'eau est égale à 2,200 litres, et la capacité pour le combustible égale à 6oo décimètres cubes. (Voir, d'après les dessins, les capacités de ce tender.)

à la disposition du mécanicien qui peut les manœuvrer au moyen des clés à poignée *d* qui s'élèvent à la hauteur convenable.

Le coffre à charbon est fermé sur le devant du tender par une cloison en tôle *f* qui existe dans toute sa largeur ; une ouverture rectangulaire est ménagée à la partie inférieure de cette cloison, pour que le chauffeur puisse prendre le coke à la pelle ; il peut fermer cette ouverture au moyen du registre en tôle *e*.

Des roues et de leurs essieux.

Les roues de ce tender sont construites d'une manière assez simple ; leur jante *c*, est un double cercle en fer, dont l'un est en rebord, et l'autre reçoit les bras en fer *g* qui y sont boulonnés. Ces bras sont en nombre impair ; ainsi, il ne s'en trouve pas deux sur le même diamètre. Ils sont incrustés dans le moyeu en fonte *h* coulé sur eux.

Ces roues sont fixées chacune par quatre clavettes sur les essieux en fer *D* qui, à l'ajustement des moyeux, sont renflés à $125^{\text{mill.}}$ de diamètre, tandis que le corps de chaque essieu ne porte pas plus de 100 mill., et aux collets $64^{\text{mill.}}$.

Les coussinets et boîtes à graisses *t*, qui enveloppent ces collets, présentent une disposition analogue à celle que nous avons vue dans le premier fourgon. Ces boîtes sont renfermées entre les branches découpées dans les longues feuilles de forte tôle *F* et *F'*, qui garnissent la partie inférieure de l'appareil. Sur leur milieu appuient les ressorts *E* qui, maintenus entre ces feuilles, ne peuvent s'en écarter. Les extrémités de ces ressorts ont leur point d'appui contre les boulons *i*. (Voy. fig. 4, 6 et 9.)

Bâtis ou carcasse du fourgon.

La carcasse ou le bâtis du tender est d'une construction bien simple, et en même temps d'une exécution facile. En effet, on voit qu'après les deux grandes feuilles de tôle extérieures *F*, et les deux autres semblables intérieures *F'* assemblées aux premières, il ne consiste plus que dans deux planchers en tôle *H* et *H'* ; le premier, plus élevé, est à la hauteur convenable pour permettre de communiquer par l'avant sur la locomotive et par l'arrière sur le wagon qui est accroché au tender. Le second plancher *H'*, qui forme le fond de l'appareil, existe sur toute sa surface ; il est fixé par des équerres en fer aux côtés extérieurs *F*, et maintenu au milieu, dans toute sa longueur, par une longue traverse *G*.

A l'arrière, entre les deux planchers, est placé le fort boulon à œil *J*, à l'extrémité duquel on attache le wagon qui doit suivre l'appareil ; ce boulon est attaché à la chape en fer *K* qui embrasse le grand ressort *I*, composé, comme ceux des roues, de lames minces et longues. Les bouts de ce ressort appuient sur les tiges carrées *j*, sur lesquelles sont montés les tampons en bois N^2. Un manchon en fonte *L*, placé au milieu, et deux autres *L'* placés aux extrémités, embrassent les tiges *J* et *j* auxquelles ils servent de guides, en même temps qu'ils soutiennent le plancher supérieur *H*.

De même à l'avant est placé, entre les deux planchers, le fort boulon *l* qui sert à unir le tender à la locomotive qui le précède ; ce boulon est fixé par une clavette dans la chape en fer *K'*. De ce côté il n'existe pas de tampons, le boulon lui-même n'en porte pas, mais les chocs sont toujours amortis par l'effet du ressort *I'* qui est à son milieu enveloppé par la chape et qui, par les extrémités, s'appuie contre les buttoirs *m*. Pour que la chape ne puisse se déranger par l'effet du ressort et du boulon d'assemblage *l*, elle porte une tige cylindrique ajustée dans le manchon en fonte L^2, lequel est fixé entre les deux planchers et en maintient l'écartement.

Du frein.

Le frein appliqué au tender par MM. Sharp et Roberts est d'une très-grande énergie, en même temps qu'il est d'une construction solide, et facile à manœuvrer. Il consiste en un fort levier en fer *M* monté sur la partie carrée de l'axe horizontal *N* qui, porté par les deux côtés parallèles *F* du bâtis de l'appareil, maintient en même temps l'écartement de ces deux côtés. Sur le même axe est aussi ajusté le levier coudé *O*, dont l'une des branches, celle verticale, porte le coin circulaire en bois *n* qui doit frotter sur la circonférence de l'une des roues de devant, lorsque le frein est serré.

L'autre branche du levier coudé est assemblée par une pièce de jonction p à un autre levier O' qui est exactement pareil et monté sur un axe en fer N' parallèle au premier, et fixé comme lui aux deux côtés F' du fourgon. La partie verticale de ce levier O' porte aussi un coin circulaire en bois n qui frotte sur la surface de la roue de derrière.

L'extrémité du levier M, forme une fourche à deux branches, qui reçoivent les tourillons d'un écrou rond en fer r, lequel est traversé par la tige verticale P, filetée dans sa partie inférieure, et armée à son sommet d'une double poignée q, par laquelle le conducteur peut les manœuvrer. Il est aisé de comprendre qu'en tournant cette tige filetée dans le sens convenable, pour faire monter l'écrou r, et avec lui la fourche M, on fera rapprocher la branche verticale du levier O et, par conséquent, le coin n contre la circonférence de la roue C, et en même temps la pièce de jonction p, descendant, obligera la branche verticale du deuxième levier O' à se rapprocher avec le coin qu'il porte de la circonférence de la roue contre laquelle il doit s'appliquer. On voit qu'ainsi il faudra très-peu de puissance pour faire appuyer les coins du frein contre les surfaces respectives des deux roues C, et obtenir par là un frottement considérable, et capable d'arrêter tout le mouvement de la machine, et de son convoi, ou d'en modérer à volonté la vitesse. On a dû faire l'écrou r à rotule, pour que, dans le mouvement circulaire de la fourche M, son axe reste toujours dans la ligne verticale de la vis P qui, vers sa partie supérieure, est maintenue dans sa verticalité par le guide s.

Légende explicative des planches 30, 31 et 32.

<table>
<tr><td>

PL. XXX.

Fig. 1. Élévation du tender vu extérieurement et dans le sens de sa longueur.

Fig. 2. Projection horizontale de l'appareil vu au-dessus.

</td><td>

PL. XXXI.

Fig. 3. Coupe verticale et longitudinale faite par le milieu de la machine, montrant la forme intérieure de la caisse à eau, et la disposition du frein.

Fig. 4. Coupe horizontale faite à la

</td></tr>
</table>

hauteur des planchers, suivant la ligne 1-2 de la fig. précédente.

PL. XXXII.

Fig. 5. Vue de profil, à l'avant du tender.

Fig. 6. Coupe verticale et transversale, faite par l'axe des deux roues de derrière, et vue du côté des tuyaux qui conduisent l'eau à la locomotive.

Fig. 7. Détails du frein dans deux positions différentes. Dans la première, celle figurée en lignes pleines, on suppose qu'il agisse : les deux coins circulaires n sont appliqués sur la circonférence des roues ; dans la position ponctuée, la vis P a fait descendre la fourche M, et les deux coins sont écartés des roues.

Fig. 8. Vue du côté du levier à deux branches O et d'un fragment de l'axe N sur lequel il est monté.

Fig. 9 et 10. Détails de l'un des ressorts F, qui opèrent leur action sur les boîtes des essieux du tender.

Fig. 11 et 12. Détails de l'un des tampons N^2, appliqués à l'arrière du fourgon.

§ XXIII.

Wagon couvert et fermé pour le transport des bagages.

Pl. 33 et 34.

La construction de ce wagon ne diffère pas essentiellement des wagons garnis que nous avons décrits pag. 116 (pl. 22 et 23). La carcasse en est, en effet, exactement la même, et pourrait au besoin servir pour un wagon garni ; la caisse seulement est changée : la distribution intérieure de cette caisse n'est pas régulière, mais plutôt disposée, selon les besoins, pour recevoir les malles, les ballots, les paquets des voyageurs.

Nous aurons donc peu de choses à dire sur ce genre de voiture, en nous reportant, pour sa construction, à ce qui a été dit au § 19.

Sur la fig. 1 de la pl. 33 l'on a représenté une élévation longitudinale du wagon vu extérieurement.

La fig. 2 montre un plan général de ce wagon, vu en dessous et en supposant que la caisse soit enlevée.

Dans ces deux figures on a fait voir l'attelage du wagon avec celui qui le précède et qui, comme lui, est armé de tampons et de ressorts dont le but est d'amortir les chocs qu'ils éprouvent par un mouvement d'arrêt trop brusque.

La fig. 3 de la pl. 34 représente une coupe verticale faite par le milieu de la longueur du wagon. Cette figure, avec la coupe transversale indiquée fig. 5, fait bien voir la distribution intérieure de la caisse, et les divers compartiments destinés à loger les bagages.

La fig. 4 de cette même planche montre aussi une vue extérieure par le bout du wagon.

L'on remarque dans ces différentes figures la forme et l'application du système de frein dont ce wagon est muni, pour, au besoin, ralentir sa vitesse et en arrêter le mouvement s'il était nécessaire.

La construction de ce frein est toute particulière et mérite d'être détaillée. Il est représenté séparément dans la pl. 37, sur les fig. 9 et 10, où il est facile de le comprendre.

On voit qu'il se compose d'une vis verticale, à filets carrés, l, armée, à sa partie supérieure, d'une manivelle qui sert à la manœuvrer. Cette vis est engagée par les deux extrémités dans les oreilles d'une pièce coudée m, entaillée et fixée au sommet d'un montant de la voiture (voy. fig. 5, pl. 34). L'écrou n qu'elle traverse fait corps avec une bride en fer attachée par articulation à la tringle o, dont l'extrémité inférieure s'assemble à la fois avec les deux tirants p. Ce sont ces tirants qui se lient aux deux étriers cintrés en fer q, prenant leur point fixe contre le madrier D du wagon (fig. 1, pl. 33); aux étriers sont attachés les cintres en bois r dont la circonférence intérieure doit coïncider, pendant l'action du frein, avec la surface extérieure des roues. Ainsi, en tournant la manivelle dans le sens convenable, on soulève l'écrou n et avec lui la tringle et les deux tirants; ces deux derniers, formant genouillères, tendent à écarter les deux cintres en bois et les font presser contre les roues.

Nous voyons sur la pl. 33 que, vers les quatre angles du cadre qui porte la caisse du wagon, se trouvent placés les tampons de bois h; ces tampons sont fixes; mais, au milieu des deux côtés extrêmes, sont disposés des ressorts L qui, maintenus dans un même plan horizontal par quatre tiges rondes s, opèrent leur pression contre les platines paral-

lèles et verticales *t ;* des anneaux en fer *a* s'adaptent à la première de
ces platines, pour servir à accrocher le wagon avec celui qui doit l'accompagner, et un plateau en fonte *u*, placé derrière la seconde platine,
se boulonne au madrier *B* pour porter les quatre longues tiges horizontales *v*, qui, à une extrémité, sont armées du tampon *h'*, et à l'autre bout
sont fixées au deuxième plateau en fonte *u'*. Ainsi, lorsque les deux
tampons *h'* se choquent, les ressorts *L* cèdent par leur élasticité, et la
secousse est bien moins sensible sur les wagons, et par là ils éprouvent
beaucoup moins de dommage. Un détail de ces ressorts est donné sur
les fig. 5 et 6 de la pl. 37, à l'échelle d'un décimètre par mètre.

On peut aisément voir, sur les dessins pl. 33 et 34, que la construction des roues *H*, de leurs essieux, coussinets, ressorts, plaques de
gardes, etc., est exactement la même que celle des wagons garnis que
nous avons étudiée pl. 22 et 23 ; toutes ces pièces semblables sont dé-
signées par les mêmes lettres dans les deux systèmes de wagons.

§ XXIV.

Berline à trois caisses pour 24 places intérieures.

Pl. 35 et 36.

Les berlines sont les voitures les plus commodes, les plus légères et
les plus élégantes employées sur les chemins de fer pour le transport des
voyageurs. On en construit de différentes dimensions ; on les distingue
principalement par le nombre de caisses dont elles se composent ; il en
existe surtout à trois et quatre caisses.

Il suffira d'une simple légende pour faire connaître, à l'aide des dessins, la disposition et les détails de ce système de wagon, qui du reste,
dans plusieurs de ses parties, ne diffère pas essentiellement des précédents ; nous ferons seulement remarquer la combinaison des ressorts
et des tampons, qui n'est pas la même que dans les dessins déjà donnés.
Nous voyons, en effet, que dans cette berline les tampons sont fixés à
l'un des bouts des tiges horizontales en fer carré *M*, dont l'autre bout

s'assemble, au moyen des chapes i, avec les grands ressorts L, disposés vers le milieu de la voiture sous la caisse, comme le montre le plan général, fig. 2. Le but des chapes i est de former charnière double, et par là de ne pas forcer les tiges M qui, étant guidées dans leur direction rectiligne, doivent s'y maintenir lorsque; repoussées par un choc, elles opèrent leur pression sur les ressorts, dont les extrémités décrivent alors des arcs de cercle. Par cette disposition de tampons et de ressorts, les chocs sont considérablement amortis et deviennent presque insensibles.

Légende explicative des planches 35 et 36.

PL. XXXV.

Fig. 1. Élévation de la berline vue dans sa longueur.

Fig. 2. Plan général, vu en dessous, de la charpente et du mécanisme dont elle se compose ; les caisses étant enlevées.

PL. XXXVI.

Fig. 3. Coupe longitudinale montrant la disposition intérieure de la voiture, avec les coussins et les tentures qui la garnissent.

Fig. 4. Vue par le bout.

Fig. 5. Coupe verticale et transversale faite par le milieu de la voiture.

A Madriers sur lesquels reposent les côtés des caisses; ils règnent dans toute la longueur.

B, B' Madriers placés transversalement aux deux extrémités.

C Traverses diagonales assemblées par des équerres en fer aux madriers B.

D Traverses longitudinales assemblées également par des équerres aux mêmes madriers.

E Longue traverse parallèle aux précédentes et boulonnée avec elles, comme le montre le plan fig. 2.

E' Traverse semblable mais plus mince, placée directement au-dessus de la précédente, et supportant le plancher qui existe à la hauteur des madriers A.

F Autres traverses qui s'assemblent avec les madriers A, et en maintiennent l'écartement.

G Essieux des roues; ils sont en fer rond corroyé.

H Roues construites presque entièrement en fer ; elles portent un rebord saillant, comme les roues de locomotive.

I Bras ou rais des roues; ils sont en fer plat, contournés et ronds, comme le montrent les dessins.

J Côtés des caisses, formant panneaux pleins et bombés.

K Portes pour chaque caisse.

L Ressorts qui amortissent les chocs, en recevant la pression des tampons.

M Tiges horizontales agissant sur l'extrémité des ressorts, et portant à leur bout les tampons N.

a Chapes en fer, portant la chaîne pour lier la voiture à celles qui doivent l'accompagner.

c Plaques de garde, ou espèces de fourchettes en fer méplat portant les coussinets des essieux.

d Ressorts qui opèrent leur pression sur les coussinets.

e Guides des ressorts, fixés aux madriers *D*.

f Coussinets ou boîtes à graisse, dans lesquelles tournent les extrémités des essieux.

g Marche-pieds placés autour de la voiture, à des hauteurs convenables.

h Tampons fixes adaptés aux quatre angles du cadre qui porte la voiture.

i Chapes en fer qui tiennent les tiges horizontales *M* avec les ressorts *L*.

k, *l* Loquets à poignets ou boutons, pour fermer les portes des caisses.

m Longues tiges de fer, placées dans le milieu du cadre, recevant d'un bout les chapes *a*, et fixées de l'autre par une clavette dans les douilles *n*.

n Douilles en fer boulonnées avec les boîtes *o*.

o Boîtes en fer embrassant le corps des ressorts *L*.

r Lanterne ou lampe qui éclaire la nuit l'intérieur de la voiture.

Légende explicative de la planche 37.

Cette planche représente divers détails relatifs aux différents appareils ou wagons étudiés précédemment, et dessinés à une échelle plus grande.

Les fig. 1 et 2 représentent les deux coupes verticales d'un réservoir d'huile que l'on adapte maintenant aux locomotives pour servir à graisser les parties principales de la machine. Ce réservoir se compose d'une caisse rectangulaire en cuivre, que l'on fixe par des boulons sur une des parois verticales de l'appareil. Sa partie supérieure est fermée par un couvercle monté à charnière, et à sa partie inférieure sont sept robinets d'où partent autant de tuyaux qui se courbent et se dirigent vers les points qui demandent d'être le plus constamment entretenus d'huile. L'ouverture de ces robinets est très-petite : par conséquent, il s'en échappe une très-légère quantité d'huile à la fois.

Les fig. 3 et 4 donnent l'élévation et le plan du système de tampons et de ressorts appliqués aux berlines, comme nous l'avons vu ci-dessus, pl. 35 et 36. Ces détails sont représentés à une échelle double, c'est-à-dire au dixième d'exécution.

Fig. 5 et 6. Détails du système de ressorts et tampons appliqués aux wagons qui reçoivent les marchandises ou bagages des voyageurs. (Voy. pl. 33 et 34.)

Fig. 7 et 8. Détails des plaques en fonte *u* et *u'* qui maintiennent les tiges horizontales *v*.

Fig. 9 et 10. Détails du frein appliqué à ce wagon pour les bagages, et expliqués plus haut, pag. 137.

Fig. 11. Les deux projections d'une des plaques de garde ou fourches qui reçoivent les coussinets ou boîtes à graisse des wagons.

Fig. 12. Détails d'un des marche-pieds appliqués au wagon des marchandises.

Fig. 13. Détails des supports en fer

qui soutiennent les extrémités des ressorts qui opèrent leur action sur les boîtes à graisse.

Fig. 14 et 15. Détails des guides ou supports *e* dans les berlines.

Fig. 16 et 17. Élévation et coupe verticale par l'axe de l'une des roues des divers systèmes de wagons étudiés précédemment.

Fig. 18 et 19. Détails d'une boîte à graisse employée dans ces diverses voitures.

§ XXV.

Réunion de grands plateaux ou plateformes mobiles pour mettre en communication plusieurs rail-routes.

Pl. 38.

Nous avons donné (pl. 15) les détails d'un turn-rail de petite dimension, que l'on place à la jonction de deux chemins qui se croisent. Nous allons faire voir maintenant la disposition de plusieurs grands plateaux réunis pour servir à établir la communication entre un certain nombre de voies parallèles ou dirigées sur différentes lignes.

Ces plateaux sont, comme le montre la pl. 38, d'une grande dimension, car ils ont un peu plus de quatre mètres de diamètre. Ils peuvent donc aisément recevoir des locomotives à six roues.

Sur la planche l'on a représenté deux de ces plateaux *A*, vus en dessus, fig. 1, et vus coupés verticalement par l'axe, sur la fig. 2. Ces plateaux sont fondus d'une même pièce, avec les saillies en losange qui y sont ménagées, et les deux nervures parallèles *a*, qui doivent former le prolongement de la voie avec laquelle on les met en direction. Vers leur bord extérieur sont ménagées des encoches *b* dans l'une desquelles on engage le levier *c* qui, assemblé à charnière dans un support fixe en fonte, retient le plateau et l'empêche de tourner sur lui-même.

Au centre, chaque plateau est porté sur un pivot fixe *d*, qui n'est autre qu'un boulon à clavette ajusté dans une plaque en fonte à ailes *B*, encastrée dans le massif en pierre sur lequel est établi tout l'appareil. Vers la circonférence, le plateau repose sur huit galets *C* disposés comme le montre le plan général, fig. 1, où l'on a supposé enlever les plateaux dans deux systèmes, pour laisser voir la disposition intérieure. Les axes de ces galets tournent dans des demi-coussinets ajustés dans des supports en fonte *D*, retenus par des clés sur des patins en fonte *E*, lesquels sont à leur tour boulonnés et scellés sur des dés en pierre.

La fig. 3 représente un détail, en élévation et en plan, de l'un des galets placés ainsi dans son support, et dessiné au 1/10ᵉ. On voit sur la fig. 1 que plusieurs de ces supports sont disposés pour porter en même temps l'extrémité des rails qui forment les embranchements ou les communications avec les plateaux.

La fig. 4 est un détail du patin en fonte *E*, sur lequel repose le support du galet; il est également représenté au 1/10ᵉ d'exécution.

La fig. 5 donne le détail de l'une des chaises ou supports en fonte *F* qui sont établis pour recevoir en même temps les bouts des rails droits *G* et les rails coudés *H* qui doivent former les communications avec les plateaux.

Il est aisé de voir, sur le plan général, comment l'on peut transporter une locomotive ou un wagon quelconque d'un chemin à l'autre par les divers embranchements *G H* qui existent autour de chaque plateau. Nous pensons que l'inspection seule du dessin suffit pour ne pas devoir nous étendre sur la description de cet appareil, dont la construction est d'ailleurs bien simple.

§ XXVI.

Embranchements de chemins. Aiguilles.

Pl. 39.

Nous avons vu qu'au moyen des plateformes ou plateaux mobiles on peut facilement changer la direction d'une route, pour en suivre une autre parallèle à la première, ou qui ferait avec elle un angle quelconque. Toutefois, comme pour opérer ce changement il faut que les voitures soient détachées l'une de l'autre, et qu'on les prenne dans l'état de repos, on n'établit guère ces appareils qu'aux extrémités des chemins, vers les docks, les magasins ou les ateliers. Mais lorsque, dans le parcours de la ligne, on est obligé de changer de voie, sans interrompre pour cela le mouvement du convoi, on se sert d'aiguilles, d'embranchements de chemins, qui permettent d'opérer ce changement avec assez de facilité.

Pour faire comprendre la disposition de ces aiguilles, de ces embranchements, nous avons représenté, par les fig. 1 et 2, les plans d'un chemin de fer à double voie, disposé comme celui qui existe à l'entrée dans Paris, et qui forme la tête du chemin de Saint-Germain.

Les deux lignes $A\,A'$, $B\,B'$ (fig. 1) représentent une des voies, dont le prolongement $A'\,A^2$, $B'\,B^2$ est vu sur la fig. 2 ; de même, les lignes $C\,C'$ et $D\,D'$ représentent une seconde voie parallèle à la première, et qui a, comme celle-ci, son prolongement en $C'\,C^2$ et $D'\,D^2$ sur la même fig. 2 (1).

Pour pouvoir faire communiquer ces deux voies entre elles, et par conséquent passer d'une voie à l'autre quand il est nécessaire, on a placé vers la tête de la première deux lignes de rails $E\,E'$ et $F\,F'$ qui, suivant la direction oblique que l'on a indiquée sur la fig. 1 , viennent rejoindre la seconde voie vers les points C^2 et D^2, fig. 2. Ces deux lignes de rails coupent nécessairement, dans le milieu de leur longueur, les côtés $B\,B'$ et $C\,C'$. Or, à ces points d'intersection, il est important de placer des parties de rails qui, par leur disposition, fassent suivre au convoi la direction qu'on veut lui donner. Ainsi l'on voit les fragments de rails rapportés en $a\,a'$, $b\,b'$ et $c\,c'$; chacun de ces rails est courbe vers les extrémités, pour former de l'entrée et laisser passer les rebords des roues avec facilité. On voit de même les portions de rails $d\,d'$, $e\,e'$ et $f\,f'$; ce sont autant de raccords pour les deux voies qui dirigent les roues des voitures sans les faire changer de direction. Ainsi un convoi qui suivrait la route indiquée par les lignes $A\,A'$, $B\,B'$, en suivant la direction des flèches, continuerait cette direction en $A'\,A^2$, $B'\,B^2$, sans être en aucune manière dérangé par les rails de raccords placés en $a\,a'$, $b\,b'$.

Mais si l'on voulait que le convoi, partant des points A et B de la première voie, suivît la direction de la seconde voie $C\,C'\,C^2$, $D\,D'\,D^2$, il faudrait l'obliger à suivre d'abord la voie intermédiaire oblique, et

(1) La place ne nous permettant pas de représenter à une échelle suffisante toute la longueur du chemin sur la même ligne, les deux fig. 1 et 2, qui devraient être placées dans le prolongement l'une de l'autre, ont dû être disposées au contraire l'une au-dessus de l'autre.

pour cela on ferait prendre à deux rails mobiles G G' (auxquels on a donné le nom d'*aiguilles*, et qui dans ce moment se trouvent dans le prolongement même des lignes A A' et B B'), la direction des rails obliques E E', F F'. Or, pour arriver à ce changement de direction, on a fait l'application d'un mécanisme bien simple et bien facile à manœuvrer.

Ce mécanisme est représenté en plan (fig. 3) et en élévation (fig. 4) sur une échelle de 5 centimètres pour mètre. Il se compose d'une tige horizontale H H', qui aux points g g' s'attache aux aiguilles, et qui à une extrémité se lie à un petit arbre coudé à manivelle h. Sur cet axe est fixée une grande poignée i par laquelle on peut manœuvrer l'arbre et la tige. Or, il est facile de voir que, lorsqu'elle est couchée comme l'indique la fig. 4, la tige et les aiguilles occupent la position qu'on leur a donnée fig. 3 : elles sont en communication avec les rails A, B. Mais si l'on donnait à la poignée la position justement opposée, qu'on la couche dans l'autre sens, les aiguilles, tirées de droite à gauche, viendraient prendre la direction des rails E, F. Comme ces aiguilles ont leur point fixe en K K', elles décrivent nécessairement des arcs de cercle ; il faut alors, pour ne pas courber la tige H, la faire en plusieurs parties que l'on assemble par articulation ; ces parties sont de plus taraudées et peuvent, au moyen d'écrous et de contre-écrous, avoir leur longueur exactement déterminée.

La fig. 5 représente, au $1/10^e$ d'exécution, l'axe coudé à manivelle et la poignée qui sert à le manœuvrer, et sur la fig. 6 on voit le détail des paliers l qui portent cet axe.

Vers la jonction C^2 D^2 (fig. 2) de la voie oblique et de la seconde voie droite, on voit de même un système d'aiguilles J J' qui permet de faire communiquer ces deux voies, et par conséquent de faire passer le convoi de l'une sur l'autre. Le mécanisme au moyen duquel on manœuvre ces aiguilles est à peu près le même que le précédent.

Il y a des circonstances où les aiguilles doivent être disposées comme il est indiqué sur les fig. 7 et 8, dans lesquelles on remarque que lorsque l'une, celle J par exemple, est appliquée contre le rail K, qui est parallèle à la ligne K', l'autre J', au contraire, est séparée du rail L, qui est parallèle à la ligne L'. Ainsi, un convoi qui viendrait de $M\,N$, en suivant la direction de la flèche, prendrait, à cause de la position actuelle des aiguilles, la route $M\,L'$, $N\,L$, et si, au contraire, faisant tourner l'arbre coudé h (qui dans ce mécanisme est vertical, afin de rendre la poignée i verticale elle-même) d'une demi-révolution, on ramène l'aiguille J' contre le rail L, l'autre J s'écartera du rail K; le convoi venant de $M\,N$ prendrait alors la route $M\,K$, $N\,K'$.

Dans ce second mécanisme, on reconnaît encore que la tige horizontale H, qui se lie à la fois aux deux aiguilles, est aussi faite en plusieurs parties. Les fig. 9 et 10 montrent bien les parties taraudées et les écrous qui permettent de les rallonger ou raccourcir selon le besoin, et par conséquent de déterminer exactement la longueur totale de la tige.

On a pu voir, par les fig. 3 et 7, que les aiguilles reposent sur des pièces de bois garnies de platines de fer et placées dans le sens même du chemin, tandis que celles qui reçoivent les chaises ou supports des rails sont placées transversalement (fig. 1 et 2), et n'ont d'ailleurs pas besoin d'être garnies de platines en fer.

§ XXVII.

Des courbes et des pentes établies sur les chemins de fer, forme conique de la jante extérieure des roues.

Nous avons vu, en étudiant les diverses machines locomotives que toutes les roues étaient construites avec une forme légèrement conique, présentant la plus petite base à l'intérieur de la voiture, et la plus grande vers le rebord saillant qui est à l'intérieur. Cette disposition permet de parcourir les lignes courbes que l'on est souvent obligé de faire suivre aux chemins de fer, et de diminuer autant que possible l'accroissement de résistance qu'elles présentent, et qui est d'autant plus considérable que le rayon de courbure est plus petit.

Cette résistance résulte évidemment, d'une part, du frottement du rebord intérieur des roues contre les rails, lorsque, par l'effet de la force centrifuge, les voitures se trouvent portées vers la courbe de plus grand rayon, et d'un autre côté de la tendance au glissement que les roues doivent avoir en tournant.

En donnant cette forme conique aux roues, il est aisé de comprendre que tant qu'elles auront à parcourir des lignes droites, elles devront tourner sur leur diamètre moyen, qui sera le même sur les deux roues motrices opposées, pour développer exactement le même espace ; mais lorsqu'elles auront à passer sur des courbes, la voiture aura nécessairement tendance à se porter vers la courbe la plus grande, de manière que la roue qui doit rouler sur cette courbe se trouvera en contact avec le rail par une circonférence plus rapprochée du rebord, et par conséquent plus grande que celle correspondante au diamètre moyen, tandis que la roue opposée qui roule sur la plus petite courbe se trouvera au contraire en contact avec le rail par une circonférence plus petite, par conséquent plus proche du bord extérieur. Les deux roues parallèles, montées sur le même essieu, parcourront ainsi des longueurs de chemins différentes, et sans qu'il y ait glissement sensible de l'une ou de l'autre sur les rails.

Il est facile du reste de déterminer géométriquement quelle devrait être l'inclinaison ou la différence de diamètre à donner aux roues pour arriver à leur faire parcourir ainsi des lignes courbes sans que leur rebord touche le rail, et sans qu'elles glissent sur celui-ci.

Supposons, par exemple, que l'on ait à suivre une courbe dont le rayon moyen serait de 5oo mètres. Comme la largeur de la voie est de 1 m. 5o c., on voit déjà que le rayon de la courbure extérieure sera de 5oo m. 75 c., tandis que celui de la courbe intérieure sera de 499 mètres 25. c. Supposons aussi que le diamètre moyen des roues motrices d'une locomotive soit de 1 m. 38 (mesuré au contact des rails lorsqu'ils ont une direction rectiligne).

Comme des arcs de cercle, terminés aux mêmes rayons, sont proportionnels à ceux-ci, il est évident que les espaces parcourus sur les courbes extérieures et intérieures, comme sur celle que l'on peut imaginer exister au milieu de la voie, seront dans le rapport des nombres 5oo m. 75, 499 m. 25 et 5oo, et comme ces espaces mesurent les développements des circonférences des roues qui se trouvent en contact avec les rails, ils sont aussi proportionnels aux diamètres de ces circonférences. Ainsi l'on peut établir les relations suivantes :

Le diamètre moyen des roues est à l'espace moyen parcouru sur le milieu du chemin, comme les diamètres des circonférences en contact avec les rails est aux espaces qu'elles parcourent sur chaque courbe. De là résultent les deux propositions :

$$1 \text{ m. } 38 : 500 \text{ m. } :: x : 500 \text{ m. } 75$$
$$\text{et } 1 \text{ m. } 38 : 500 \text{ m. } :: y : 499 \text{ m. } 25$$
$$\text{d'où } x = 1 \text{ m. } 382 —$$
$$\text{et } y = 1 \text{ m. } 378 —$$

Ainsi le diamètre de la circonférence de la roue, en contact avec la courbe extérieure, sera de 1 m. 382, et celui de sa circonférence de sa parallèle, en contact avec la courbe, sera de 1 m. 378. =

Si nous supposions avoir encore à parcourir une courbe, d'un rayon moyen de 100 mèt., nous aurions de même :

$$1 \text{ m. } 38 : 100 :: x : 100 \text{ m. } 75$$
$$1 \text{ m. } 38 : 100 :: y : 99 \text{ m. } 25$$
$$\text{d'où } x = 1 \text{ m. } 390 —$$
$$\text{et } y = 1 \text{ m. } 370 —$$

Ainsi on voit que, géométriquement, dans le cas des courbes d'un rayon de 500 mètres, la différence entre les deux diamètres de chaque roue ne devrait être que de quatre millimètres, tandis que, dans le cas des courbes à rayon de 100 mètres, cette différence s'élèverait à 20 mill.

Il est facile de concevoir qu'en exécution il faut une différence sensiblement plus grande à cause de l'action de la force centrifuge qui, dans le mouvement, tend constamment à projeter les voitures en dehors de la courbe. Cette action est d'autant plus grande que la vitesse des wagons est elle-même plus considérable. Dans la construction du chemin de Liverpool, on a donné généralement 25 mill. de différence entre le plus petit et le plus grand diamètre de la partie conique extérieure des roues, et la largeur de cette partie est de 88 mill., ce qui lui donne une inclinaison de 1/7. Les courbes construites sur cette ligne ont 2264 mètres de rayon (excepté celle qui existe à l'entrée de Manchester, laquelle n'a que 262 m.); dans les plus grandes vitesses, les rebords des roues ne frottent pas contre le rail, lors du passage de ces courbes, ce qui prouve que la différence des diamètres ou l'inclinaison des roues est bien suffisante ; mais il faut dire aussi que l'on a donné aux rails de la courbe extérieure une légère sur-élévation par rapport à ceux de la courbe intérieure; dans plusieurs passages de ces courbes, le train éprouve une diminution de vitesse. Si l'inclinaison des roues est indispensable pour parcourir des courbes, on peut dire que la sur-élévation du rail extérieur est aussi essentielle pour diminuer les frottements.

Nous donnons, dans la table suivante, d'après Wood (troisième édition), la sur-élévation à donner au rail extérieur pour des courbes de différents rayons, afin que l'effet de la force centrifuge soit balancé par la gravité de la charge ; l'action de celle-ci tend à pousser les wagons du côté intérieur de la voie, lorsque au contraire l'action de la force centrifuge tend à les projeter en dehors.

Dimensions extérieures du wagon.	Rayon de la courbe en mètres.	Sur-élévation en millimètres, la vitesse en kilomètres par heure, étant de		
		16 kilom.	24 kilom.	32 kilom.
Diamètre des roues du wagon = 0m 915.	76 mét.	29 mil. 4	77 mil. 2	144 mil. 0
	152	14 7	38 6	72 0
Largeur de la voie = 1m 435.	304	7 3	19 3	36 0
	608	3 7	9 6	18 0
Inclinaison de la jante des	912	2 4	6 4	12 0
roues = 12 mill. 5 sur une	1216	1 9	4 8	9 0
largeur de 88 millim.	1520	1 5	3 9	7 2

§ XXVIII.

De l'adhérence des roues sur les rails, et des pentes.

Nous avons dit que la charge qu'une locomotive est capable de traîner sur un chemin de fer est proportionnelle à la puissance mécanique dont cette machine est animée; mais elle dépend aussi de la plus ou moins grande adhérence des roues sur les rails. Il est évident que si une machine était assez puissante pour traîner une charge de 200 tonnes, par exemple, il faudrait encore que l'adhésion de ses roues sur les rails fût aussi assez grande pour qu'elles ne tournent pas sur elles-mêmes, pour qu'il n'y ait pas glissement.

D'après des expériences de M. de Pambour, une machine, *Fury*, du poids total de 8 t. 20, dont 5 t. 5 étaient portées sur les deux roues de derrière, produisit, dans un temps beau et sec, une adhérence suffisante pour servir de point d'appui au mouvement d'une charge de 244 tonnes, c'est-à-dire d'un poids 44 1/2 fois plus considérable que le poids adhérent 5 t. 5. Or la charge de 244 tonnes produisait une résistance de 1952 livres ou 886 kilog.; l'adhérence des roues sur les rails était donc au moins égale à cette force de traction de 886 kilog.; et comme le poids des 5 t. 5 est égal à 5586 kilog., on peut donc en conclure que la force d'adhérence était environ le sixième du poids adhérent.

Toutefois, par un temps humide, lorsque les rails sont gras et boueux, la force d'adhérence diminue d'une manière bien sensible; les machines peuvent ne plus tirer que 75 tonnes, convoi compris, ou environ quatorze fois leur poids adhérent, ou plutôt comme la résistance de 75 tonnes est égale à 273 kilog., la force d'adhérence est toujours au moins la vingtième partie du poids adhérent.

Mais si l'adhérence des roues sur un chemin de fer est une limite à la charge que peut tirer une locomotive, la résistance des voitures sur les routes ordinaires en met une bien plus grande; car, suivant les expériences de M. Telford, faites sur le chemin de *Liverpool à Holyhead*, la force de traction nécessaire pour mouvoir un poids de 1 tonneau métrique est, ainsi qu'il suit :

1° Sur un pavé bien établi, de. . . . .   15 k. 25

2° Sur une route ferrée, fondée sur pierres de quartz. .   30   00

3° Sur une route ferrée, fondée sur pavés bruts. . .   21   25

4° Sur une route ferrée, portant sur un fond de gravier

et ciment.   21   25

5° Sur une route gravelée.   66   75

La traction moyenne est donc de 31 kil. 30.

Or nous avons dit qu'un tonneau métrique n'exige, sur un chemin de fer de niveau, que 3 $^{kil.}$ 64 de traction. Le tirage sur une route ordinaire prend donc plus de huit fois la force exigée sur les rail-ways.

Les plans inclinés présentent sur les rail-routes un surcroît de résistance qui diminue sensiblement, comme nous allons le voir, le travail dont sont capables les machines locomotives. On conçoit, du reste, que cet accroissement doit être en raison de la pente à gravir; ainsi, plus l'inclinaison sera prononcée, plus sera grande la résistance à vaincre, et, par suite, plus sera grande aussi la consommation de combustible.

Il est facile de se rendre compte par le calcul de cet accroissement de résistance proportionnellement aux degrés d'inclinaison du plan. Soit, par exemple, un train de 100 tonneaux, dont on veut connaître la résistance sur un plan incliné à 1/500 ou deux millimètres par mètre.

La résistance du frottement sur niveau étant de 3 $^{kil.}$ 64 par tonneau métrique, la résistance due au frottement du convoi des 100 tonneaux sera donc de 100 × 3,64 = 364 kilog., outre le frottement propre de la machine que nous pouvons admettre du poids de 10 tonneaux.

La résistance due à la gravité du train sur le plan incliné à 1/500 est égale à $\dfrac{100 \times 1000^{\,kil.}}{500} = 200^{\,kil.}$

De plus, la résistance due à la gravité de la machine sur le même plan est égale à $\dfrac{10 \times 1000}{500} = 20^{\,kil.}$

La résistance totale est donc de 584 kilog., sans le frottement propre de la machine, ce qui, sur un chemin de niveau, est équivalent à une charge de $\dfrac{584}{3,64} = 160$ tonneaux.

Ainsi sur un plan incliné à 1/500 le convoi présentera un surcroît de résistance correspondant à un surplus de charge de 60 tonneaux. On pourrait de même déterminer l'accroissement de résistance que présenterait le même convoi de 100 tonneaux sur un plan plus ou moins incliné; c'est ainsi que nous avons pu former la table suivante, dans laquelle on peut immédiatement voir les différences de résistance que présentent des convois de 100 et de 200 tonneaux sur chemin de niveau et sur des pentes variables, en mettant en dehors le propre frottement de la machine, lequel, dans tous les cas, est, comme nous l'avons dit, d'environ 6 kil. 25 par tonneau métrique.

Table montrant les accroissements de résistance à vaincre sur les plans inclinés.

Plans inclinés.	Résistance d'un convoi de 100 tonn.	Résistance d'un convoi de 200 tonn.	Plans inclinés.	Résistance d'un convoi de 100 tonn.	Résistance d'un convoi de 200 tonn.
	tonn.	tonn.		tonn.	tonn.
1 sur 10,000	103	205,8	1 sur 750	140	277
» 9,000	103,33	206,2	» 700	143	282
» 8,000	103,75	207,2	» 650	146	289
» 7,000	104,30	208,3	» 600	150	296
» 6,000	105	209,2	» 550	155	305
» 5,000	106	211,6	» 500	160	315
» 4,000	107,50	214,4	» 450	167	328
» 3,000	110	219	» 400	175	344
» 2,000	115	229	» 350	186	364
» 1,000	130	258	» 300	201	392
» 950	131	261	» 250	221	431
» 900	133	264	» 200	251	488
» 850	135	268	» 150	301	584
» 800	138	272	» 100	402	777

Cette table peut démontrer bien clairement combien il est important de ne pas multiplier les pentes, et surtout combien il faut éviter de les faire trop rapides, puisque pour un convoi de 100 tonneaux seulement la résistance sur un plan incliné à 1/100 est égale à quatre fois celle du même convoi sur niveau; et lorsque l'inclinaison du plan n'est que de 1 millimètre par mètre ou 1/1000, l'accroissement de résistance pour le même train de 100 tonneaux correspond à une surcharge de 30 tonneaux à traîner sur niveau.

Sur le chemin de Paris à Saint-Germain les pentes et contre-pentes ont été portées à 1 millimètre par mètre, et le parcours est de 18 kil. 430, ou 4 1/2 lieues. Sur celui de Liverpool à Manchester, il existe les parcours et pentes suivants :

PARCOURS EN KILOMETRES.	PENTES OU PLANS.
0 kilom. 853	Niveau.
8 417	Descente, 1 sur 1094.
2 387	Montée, 1 sur 96.
3 029	Niveau.
2 237	Descente, 1 sur 89.
3 878	Descente, 1 sur 2762.
10 621	Descente, 1 sur 849.
9 044	Montée, 1 sur 1300.
7 017	Montée, 1 sur 4257.

47 kilom. 463 = distance totale de Liverpool à Manchester (c'est près de 12 lieues de France).

Le plus souvent, les trains de diligences n'étant pas trop pesants, gravissent ces plans sans renforts ; cependant, lorsque les pentes sont trop rapides et que la charge est trop forte pour une machine, on est obligé de l'aider, pour le passage de ces pentes, par une machine fixe placée au pied du plan et qui alors ne fait que ce service ; on lui donne une force considérable, mais peu de vitesse.

§ XXIX.

Consommation de Combustible des machines locomotives.

La consommation de combustible est de la plus grande importance dans le travail et l'emploi des machines locomotives. Pour nous donner une idée nette et précise de la dépense que les machines sont susceptibles de faire dans un service continu, nous devons encore recourir aux expériences faites sur le chemin de Liverpool à Manchester, et données par M. de Pambour ; car, il faut le reconnaître, c'est peut-être le chemin sur lequel on a fait le plus d'études, le plus grand nombre d'expériences de toutes espèces.

Nous transcrivons donc ci-dessous le tableau de M. de Pambour, relatif aux dépenses de combustible des machines que nous avons déjà eu occasion de citer et dont nous connaissons les principales dimensions.

Tableau des expériences sur la quantité de combustible consommée par les machines locomotives avec des charges données.

NOM de la machine.	DATE de l'expérience.	NATURE ET POIDS de la charge, non compris le convoi.	(tonn.)	TEMPS du trajet de 48,5 kilom. (h. m.)	DÉLAIS sur la route, non compris dans le temps ci-contre. (min.)	PRESSION effective moyenne durant le trajet, en kilog. par cent. quarré. (kil.)	COKE de 1re qualité consommé pendant le trajet, en kilog. (kil.)	COKE par tonneau par kilomètre sur niveau, renfort déduit sur le plan incliné. (kil.)	Renfort sur le plan incliné.	Température de l'eau dans le convoi.	État du temps.
Atlas, de Liv. à Manch.	1834. 23 juill.	40 wagons	192,97	3,2	15	3,77	724	0,079	Renfort.	Eau froide dans le convoi.	Temps calme.
Id. Id.	9 juill.	25 id.	125,06	1,48	12	3,72	500	0,084	Id.	Tiède.	Id.
Id. Id.	4 août.	25 id.	124,56	1,58	»	3,72	555	0,094	Id. (*)	Froide.	Temps beau et calme.
Id. Id.	14 juill.	25 id.	120,76	1,31	19	4,33	507	0,088	Id.	Eau froide dans le convoi.	Id.
Id. Id.	11 juill.	25 id.	119,45	1,41	5	3,72	515	0,091	Id. (**)	Tiède:	Id.
Id. Id.	28 juin.	25 id.	115,68	1,50	5	3,72	501	0,091	Id.	Eau un peu chaude dans le convoi.	Id.
Id. Id.	16 juill.	20 id.	96,14	1,25	23	3,76	490	0,107	Id.	Un peu tiède.	Temps calme.
Id. Id.	17 juill.	15 id.	66,42	1,27	3	3,80	489	0,146	Id. (***)	Très-chaude.	Temps beau et calme.
Id. de Manch. à Liv.	31 juill.	3 wagons chargés et 4 vides.	35,70	1,54	»	2,11	400	0,202	Point de renfort.	Eau très-chaude dans le convoi.	Temps beau et calme.
Id. Id.	17 juill.	3 wag. chargés et 3 vides, et 2 sur partie de la route.	25,70	1,26	3	3,84	327	0,229	Id.		
Vesta, de Liv. à Manch.	5 juill.	20 wagons.	94,20	1,42	5	3,72	415	0,093	Renfort.	Chaude.	Temps calme.
Id. de Manch. à Liv.	1er août.	5 wagons chargés et 5 vides.	28,59	1,5 1/2	»	3,58	351	0,221	P. de renf. (****)	Très-chaude.	Beau temps, vent modéré en faveur du mouvement.
Vulcan, de Liv. à Manch.	1er juill.	20 wagons.	99,23	1,37	3	3,84	486	0,103	Renfort.	Eau tiède dans le convoi.	Temps calme.
Id. de Manch. à Liv.	22 juill.	9 voit. de 1re classe.	54,60	1,17	3	3,84	301	0,157	Point de renfort.	Froide.	Temps beau, vent très-léger contre le mouvement.
Leeds, de Liv. à Manch.	15 août.	20 wagons.	84,64	1,35	»	3,80	407	0,101	Renfort.	Un peu tiède.	Temps beau et calme.
Id. de Manch. à Liv.	Id.	8 wagons, dont 1 à moitié route.	32,51	1,17 1/2	3	3,44	313	0,173	Point de renfort.	Très-chaude.	Id.
Fury, de Liv. à Manch.	24 juill.	10 wagons.	51,96	1,30	»	4,22	366	0,127	Id.	Froide.	Id.
Id. de Manch. à Liv.	Id.	10 id.	44,49	1,35	»	4,15	338	0,137	Id	Id.	Beau temps, vent latéral assez fort par instants.
Jupiter, de Liv. à Manch.	16 juill.	8 voit. de 1re classe.	33,61	1,12	3	3,72	336	0,211	Renfort.	Presque froide	Temps beau et calme.
Id. de Manch. à Liv.	Id.	7 id.	30,56	1,12	4	3,72	379	0,261	Id.	Id.	Id., vent modéré, contraire au mouvement.
Firefly, de Liv. à Manch.	26 juill.	8 id.	36,97	1,35	5	3,09	399	0,227	Id. (*****)	A peu près froide.	Id.
Id. de Manch. à Liv.	Id.	8 id.	36,97	1,18	5	3,44	395	0,225	Id.	Id.	Temps pluvieux, vent assez fort contre le mouvement.
Totaux. . .			1630,77	«	«	«	9,464	Moyenne = 0 k. 147 par kilomèt. et par tonneau sur niveau.			

(*) Les bielles de connexion des roues sont trop serrées. (**) Un piston trop lâche. (***) L'essieu d'un wagon fumant et près de prendre feu pour être trop serré. (****) La machine est encore un peu raide ; elle sort de l'atelier de réparation. (*****) La machine n'est pas en bon état.

Nous laissons parler ici M. de Pambour sur les observations qu'il donne après ce tableau :

« En examinant ces expériences, on trouve que la pression dans la chaudière ni la vélocité n'ont aucune influence sensible sur le résultat. On remarque aussi l'avantage qu'il y a, sous le rapport du combustible, à faire tirer aux machines, quand la chose est possible, des trains aussi considérables que leur force le permet. Par exemple, *Atlas*, en tirant une charge de 25,70 tonneaux, a consommé 327 kilog. de coke, et en tirant 193 tonneaux, ou une charge huit fois aussi forte, cette machine n'a consommé que 724 kilog., ou un peu plus du double. Cette différence tient évidemment à la dépense de force nécessaire dans chaque cas pour surmonter la résistance de l'atmosphère, de la machine et de son convoi.

« Il faut ajouter que dans ces expériences le coke employé était de première qualité, ou *worsley coke*. C'est du coke préparé exprès pour les fonderies. Lorsque les machines emploient celui qui provient comme résidu des fabriques de gaz hydrogène, elles en consomment environ 12 pour 100 de plus, sans compter les déchets résultant de la friabilité de ce combustible. En outre, on a reconnu que les parties sulfureuses qu'il contient sont éminemment destructives des métaux. Par ce motif, on y a renoncé complètement à Liverpool, malgré la modicité de son prix.

« Lorsqu'on emploie de la houille de bonne qualité, on estime qu'il en faut à peu près la même quantité que de bon coke ; mais ce combustible a, sous le rapport de la conservation des machines, les mêmes inconvénients que le coke provenant de la distillation du gaz.

« Les expériences que nous venons de donner font connaître la quantité de coke consommée pendant le trajet. Cependant il est clair que, dans l'intervalle d'un voyage à l'autre, la machine, quoique en repos, ne cesse pas de consumer une certaine quantité de combustible, parce que son feu doit être entretenu pour le voyage suivant. Plusieurs de ces machines, il est vrai, comme *Atlas*, *Vesta* et quelques autres, ont un appareil ou conduit particulier au moyen duquel, dans l'instant du repos, on peut faire passer dans le convoi la vapeur que continue d'élever la chaudière. Cette vapeur n'est pas alors entièrement perdue, puisqu'elle se condense dans le convoi et sert à échauffer l'eau qu'il contient. Mais toutes les machines ne sont pas disposées à cet effet.

« En outre, il se consomme en tout cas le matin une certaine quantité de combustible à échauffer toutes les parties de la machine et porter l'eau au point d'ébullition. Il faut donc compter un surplus de consommation pour ces deux objets. »

Enfin nous pouvons voir encore, par la dernière colonne du tableau précédent, que la consommation du combustible est moyennement de o kilog. 147 par kilomètre et par tonneau de charge sur un chemin de niveau. Suivant Tredgold, dans sa description de la machine de Stephenson, la consommation ne serait que de o kilog. 07 par kilomètre et par tonneau; mais probablement qu'il n'a pas eu égard aux diverses circonstances dont nous avons parlé et qui doivent nécessairement augmenter la quantité de combustible.

§ XXX.

Des rails et de leurs supports.

DE LA CONSTRUCTION ET DE LA FORCE DES RAILS.

Il y a déjà plus de deux siècles que l'on a fait l'application des rails-routes pour être substitués aux routes ordinaires. Leur introduction à Newcastle, paraît avoir été faite vers 1630, mais on n'en avait alors qu'une idée imparfaite. C'est seulement en 1676 que ces chemins ont commencé à être véritablement connus, on ne les construisait qu'en bois, et ils étaient appliqués à porter des voitures ou wagons traînés par des chevaux. On prenait, pour les construire, des madriers que l'on dressait et que l'on assujettisait sur d'autres madriers placés transversalement.

Cependant ce genre de chemins présentait beaucoup d'imperfections. Les rails s'usaient rapidement malgré la très-grande épaisseur qu'on leur donnait ; il fallait les renouveler très-souvent, de sorte qu'ils occasionnaient une dépense considérable. Plus tard, on construisit ces genres de chemins avec deux madriers superposés et liés entre eux; celui supérieur seul recevait naturellement le frottement des wagons, il suffisait alors de le renouveler quand il était usé, et celui du dessous était conservé.

Ce genre de rails-routes paraît avoir duré très-longtemps, et fut mis en usage aux mines de charbon de Northumberland et Durham, et même dans d'autres contrées de la Grande-Bretagne. On avait, dès cette époque, reconnu l'avantage de ce chemin sur celui ordinaire, par la différence de charges que l'on pouvait traîner. Ainsi, sur une route ordinaire on estimait alors qu'un cheval ne traînait régulièrement que 8^{bolls} (1) de charbon (ou environ $865^{kilog.}$) tandis que sur les routes en bois, la charge ordinaire était de 19^{bolls} (ou plus de $2000^{kilog.}$).

Plus tard, vers l'année 1738, les rails en fonte commencèrent à être substitués aux rails en bois, quoique cependant on ne parût pas porté à y appliquer ce métal, parce qu'il est susceptible de se rompre par des chocs, des secousses instantanées. Toutefois, on reconnut bien ensuite que ces chemins en fonte pouvaient résister à de fortes charges; étant bien combinés avec une forme et une force convenables, ils présentaient plus de durée et plus d'économie que les rails en bois.

Mais on ne devait pas encore s'arrêter à cette construction. L'introduction des rails en fer malléable, devait apporter de nouvelles modifications dans l'établissement des rails-routes. Vers l'année 1805, ils furent appliqués au chemin des mines de *Walbottle* près *Newcastle-Upon-Tyne* par M. C. Nixon. Les rails n'étaient, alors, que des barres carrées, de deux pieds de longueur, assemblées, à moitié joint, sur deux à trois pouces à chaque extrémité; à cette époque, ils étaient encore peu en usage. Ce ne fut qu'en 1820, lorsque M. John Birkinshaw obtint une patente pour un perfectionnement dans la forme des rails, qu'ils commencèrent à prendre une certaine extension. Depuis lors on a toujours cherché à réduire le plus possible le poids des rails, tout en leur donnant la force nécessaire, et actuellement leur usage est général dans la construction des grandes lignes. Ils remplacent avec avantage les rails en fonte. Nous nous attacherons donc spécialement à décrire les rails en fer, en faisant connaître les divers systèmes de construction.

Les dessins que nous donnons sur la pl. 40, sont les tracés exacts pris sur les modèles de rails et de supports, construits par les MM. Schneider

---

(1) Un *boll* est une mesure contenant environ six boisseaux.

du Creusot, et appliqués aux divers chemins de fer établis en France; nous devons à leur obligeance la communication de ces modèles et les documents qui suivent :

Les fig. 1 et 2 de la pl. 40 représentent, en coupe verticale et en plan, une portion de rail du chemin d'Épinac au canal de Bourgogne. Ces rails sont établis sur une longueur de 5 mètres. Leur poids n'est que de 13 kilog. par mètre courant. Les chaises ou supports en fonte sur lesquels ils sont assujettis au moyen d'une calle en bois chassée avec force, se placent sur des madriers ou traverses en bois, sur lesquels ils sont fixés au moyen de deux boulons. Ils pourraient également être posés sur des dés en pierre suivant les localités.

On voit par la figure 1 que la partie supérieure est élargie et méplatte, pour présenter plus de surface au contact des roues des wagons. A la partie inférieure est ménagé un rebord arrondi qui s'engage dans une ouverture de même forme, venue de fonte dans chacun des supports, de manière que par le serrage de la calle en bois chassée du côté opposé, le rail ne peut tendre à sortir. Les supports sont placés à un mètre de distance; ainsi il faut cinq supports pour chaque longueur de rail.

Les fig. 3 et 4 représentent un fragment de rail d'une forme à peu près analogue au précédent; on en a fait l'application au chemin de fer qui établit la communication du Creusot au canal du Centre. Les rails ne sont que de 4 mèt. de longueur; leur poids est, comme le précédent, de 13 kil. par mètre courant. Les supports ne diffèrent pas très-sensiblement des premiers, seulement à la partie supérieure, du côté de la calle en bois qui doit assujettir le rail, est ménagée une saillie qui paraît maintenir la calle. Les supports sont aussi distants l'un de l'autre de un mètre.

Les fig. 5 et 6 désignent une forme de rail d'une dimension plus forte que celle des deux précédents. Ce rail présente l'avantage de pouvoir servir dans les deux sens, parce que la partie inférieure est exactement de même forme que la partie supérieure, de sorte que lorsque celle-ci est usée jusqu'à un certain point, on peut le retourner sens dessus dessous. Ce rail est employé au chemin de fer de Paris à Saint-Germain. Sa longueur est de 4ᵐ50, et son poids par mètre courant est de 32 kilog.

Les supports dans lesquels le rail est assujetti par des calles en bois, sont à une distance l'un de l'autre égale à 1^m125.

Les fig. 7 et 8 montrent une partie de rail de construction américaine. Ce rail a l'avantage de présenter une large base, et par conséquent d'être bien assis sur ses supports. Ces derniers sont, comme on le voit sur les figures, d'une forme très-simple et d'une grande légèreté, comparativement aux autres systèmes ; ils présentent aussi une grande assise, de manière qu'ils ne tendent pas à se déverser. Chaque rail est fixé sur plusieurs supports au moyen de quatre forts clous à tête coudée qui s'appuient sur le bord de la semelle du rail, et, après avoir traversé le support, on les chasse avec force dans les madriers ou pièces de bois. De cette sorte le rail et le support sont assujettis en même temps.

On voit sur les fig. 9 et 10 la forme des rails employés sur la ligne de Saint-Étienne à Lyon. Cette forme, qui n'a aucune analogie avec celle des rails employés sur les autres lignes, présente cependant aussi l'avantage de pouvoir se retourner au besoin, par la symétrie de la partie supérieure avec la partie inférieure. Les rails sont du reste assujettis sur leurs supports en fonte au moyen de calles en bois. La longueur de chaque rail est de 4^m60, le poids est de 26 kil. par mètre courant, la distance entre les chaises est de 1^m105.

Les fig. 11 et 12 représentent encore un autre rail symétrique dans les parties supérieures et inférieures. Les chaises sur lesquelles il doit être assujetti, sont disposées de manière à embrasser d'un côté la forme du rail, et de l'autre à recevoir la calle en bois au moyen de laquelle on serre ce rail dans le support.

Dans les fig. 13 et 14 on a fait voir la forme des rails établis au chemin de Versailles (rive droite). Ce rail a des dimensions plus fortes que les précédents, à l'exception du rail de Saint-Germain, il peut aussi supporter de plus fortes charges sans fléchir ; son poids est d'ailleurs plus considérable, puisqu'il s'élève à 30 kilog. par mètre courant ; la distance des supports est de 1^m125 ; et la longueur du rail est de 4^m50, ce qui suppose quatre chaises par chaque rail. La forme symétrique aussi donnée à la partie inférieure comme à la partie supérieure du rail, fait bien voir que l'on peut, comme dans quelques-uns des rails précédents, l'employer indifféremment d'un côté ou de l'autre.

Les fig. 15 et 16 montrent un rail tout à fait de même forme que le précédent; mais d'une force moindre. Ce rail est appliqué au chemin de Strasbourg à Bâle; sa longueur est de 4^m50, l'écartement des chaises n'est que de 0_m90, ce qui en exige cinq pour chaque rail. Le poids de ce dernier est de 25 kilog. par mètre de longueur. Du reste, le mode de le fixer sur les chaises présente beaucoup d'analogie avec les précédents. Nous ferons remarquer toutefois, que pour celui-ci les calles sont beaucoup plus fortes.

Sur les fig. 17 et 18, on voit le détail d'un rail de faible dimension appliqué sur un petit chemin de fer qui est établi pour le service des mines du Creusot. Ce rail d'une forme très-simple et très-économique ne pèse que 7 kilog. par mètre courant; sa longueur est de 4 mètres, et la distance des chaises est de 0^m80; ainsi il faut cinq chaises pour les supporter. Les chaises sont du reste analogues au rail lui-même, on voit qu'elles sont aussi d'un très-faible poids.

Enfin nous avons voulu désigner par les fig. 19 et 20 la forme d'un double support disposé pour recevoir deux rails à la fois. On conçoit que dans les jonctions de chemins il doit se présenter très-souvent des supports de ce genre qui économisent la construction du chemin, en même temps qu'ils le simplifient. Sur presque toutes les lignes vers les embranchements, les points de départ ou d'arrivée, on remarque souvent cette disposition de double chaise.

Nous réunissons dans le tableau suivant les dimensions données aux divers systèmes de rails que nous venons de voir, nous sommes bien aises d'y joindre en même temps les dimensions des rails employés sur les principales lignes de chemins de fer d'Angleterre; ce qui mettra à même d'établir leur analogie. Nous aurions pu en donner aussi les dessins, mais nous avons pensé que ceux détaillés sur la pl. 40 pouvaient suffire, plusieurs des rails anglais présentant d'ailleurs beaucoup de ressemblance avec ceux que nous publions. Du reste les mesures principales que nous donnons ci-contre suffiront pour en comprendre la construction.

Table des dimensions principales de plusieurs sortes de rails en usage en Angleterre et en France.

LIGNE sur laquelle le rail est établi.	Poids du rail par mètre de longueur.		Plus grande hauteur du rail en millim.	Épaisseur du rail au milieu en millim.	Longueur du rail à sa base infér. en millim.	Écartement des supports en mètres.		OBSERVATIONS.
Londres à Birmingham.....	24 kil.	80	94 mill.	20 mill.	46 mill.	0 m	915	Rail ellipt. (1).
Id. Id.	37	00	127	15	63	1	525	Rail parallèle.
Liverpool à Birmingham et Grande-Jonction........	30	75	114	17	63	0	915	»
Liverpool à Manchester.....	24	80	93	23	28	»		»
Id. Id.	29	76	102	15	51	»		»
Id Id.	24	80	102	22	33	»		Rail elliptiq.
Newcastle et Carlisle........	24	80	127	15	32	»		Rail elliptiq.
Id. Id.	24	80	102	19	32	»		Rail parallèle.
Id. Id.	20	78	114	15	23	»		Rail elliptiq.
Dublin à Kingston..........	22	33	83	21	51	»		Rail parallèle.
Rouane à Saint-Étienne......	18	87	96	10	22	0	838	»
Épinac au canal de Bourgogne.	13	00	83	14	22	1	»	»
Creusot au canal du Centre...	13	00	71	14	18	1	»	»
Paris à Versailles, rive droite.	32	00	88	16	60	»		»
Saint-Étienne à Lyon........	26	00	85	40	45	1	105	»
Paris à Versailles, rive droite.	30	00	116	16	59	1	25	»
Strasbourg à Bâle...........	25	00	93	16	75	0	90	»
Chemin des mines du Creusot.	7	00	66	10	10	0	80	»

DE LA RIGIDITÉ DES RAILS.

Un grand nombre d'expériences pratiques ont été faites en Angleterre avec beaucoup de soin, pour déterminer la force des rails et reconnaître la forme la plus convenable à leur donner pour qu'ils puissent présenter le plus de résistance possible, tout en les construisant avec le moins de matière possible. Il serait trop long d'entrer dans les détails de ces expériences, nous nous contentons de résumer dans le tableau suivant les résultats moyens qu'elles ont fournis et qui suffiront pour montrer jusqu'à quel point les rails peuvent être chargés sans crainte qu'ils ne se déforment d'une manière sensible. Nous déduisons ces résultats de l'ouvrage de Wood (3ᵉ édit.)

(1) Nous entendons par rail parallèle celui qui est d'égale hauteur dans toute sa longueur, et par rail elliptique celui qui a la forme d'une ellipse à sa partie inférieure d'un support à l'autre.

Table des expériences faites sur la rigidité des rails.

RAILS PARALLÈLES.			RAILS ELLIPTIQUES.		
Poids du rail par mètre courant.	Plus grande hauteur du rail en millim.	Déflection par tonne de charge en millim.	Poids du rail par mètre courant.	Plus grande hauteur du rail en millim.	Déflection par tonne de charge en millim.
18 kil. 36	98 mill.	0 mill. 461	16 kil. 37	94 mill.	0 mill. 480
18 36	98	0 518	15 87	79	0 704
22 33	83	0 470	16 37	91	0 516
24 80	102	0 178	17 36	89	0 653
24 80	102	0 196	19 34	103	0 401
24 80	92	0 401	19 34	103	0 406
24 80	102	0 356	20 83	114	0 406
29 76	114	0 127	24 80	127	0 135
29 76	102	0 272	24 80	127	0 150
30 75	114	0 193	24 80	127	0 254
30 75	114	0 170	24 80	102	0 352

Il est facile de voir d'après cette table que quoique la forme elliptique paraisse devoir être au premier abord d'une résistance sensiblement plus grande que la forme parallèle, la différence n'est pas très-remarquable, selon les expériences faites; aussi il ne paraît pas que le rail elliptique soit maintenant très-souvent employé: présentant plus de difficultés d'exécution, sans une économie notable sur la matière, il est aisé de comprendre que le rail parallèle doit lui être préféré.

DU MODE D'ASSUJETTIR LES CHAISES OU SUPPORTS DES RAILS.

Les chaises en fonte qui supportent les rails, et qui sont, comme nous l'avons vu, de différentes formes, appropriées d'ailleurs à ceux-ci, doivent être solidement assises pour ne pas se déranger. Les moyens employés à cet effet sont de deux espèces, soit des dés en pierre, soit des madriers en bois.

Lorsqu'on se sert de dés en pierre, il faut avoir le soin d'établir en dessous une fondation solide, pour que le poids ou la charge ne les fasse pas affaisser. La meilleure disposition à leur donner est de les placer en diagonale, c'est-à-dire de telle sorte que les côtés du carré qui forme la surface de la pierre, et qui ne doivent pas être moindres chacun de 0^m60, forment des angles de 45 degrés avec les lignes de rails, au lieu d'être parallèles à ces derniers; il résulte de cette disposition que les angles de deux dés consécutifs se touchent presque; ainsi il n'existe, pour ainsi dire, aucune partie de rails qui ne soit immédiatement au-dessous de la pierre.

Les fondations à établir pour asseoir le chemin d'une manière bien solide doivent, selon Wood, être construites sur les dimensions suivantes :

Pour deux lignes de chemins (l'écartement entre les rails étant de 1^m55) la largeur doit être de .... 3^m10.

La largeur ou distance libre entre les deux lignes .... 1^m83.

La largeur à l'extérieur des rails (1^m52 de chaque côté) ... 3^m04.

La largeur nécessaire pour les talus .... 1^m22.

La largeur nécessaire aux tranchées (ou fossés à établir de chaque côté de la route) .... 0^m92.

Ce qui donne pour la largeur totale nécessaire à la fondation des deux voies .... 10^m11.

Si le chemin était à une seule voie il serait facile de déterminer par analogie la largeur nécessaire qu'il faudrait prendre pour asseoir les fondations.

Lorsque les terrains sont solides par leur nature, on peut très-bien asseoir les supports des rails sur des charpentes ou madriers en bois que l'on place transversalement, dans une direction perpendiculaire au chemin. Cette disposition peut, dans un grand nombre de localités, présenter beaucoup plus d'économie, et être plus commode à établir. Du reste, les largeurs des fondations devront être les mêmes que dans le cas de l'application des dés en pierre, qu'il est préférable d'employer sur des terrains mous, susceptibles de se défoncer facilement.

§ XXXI.

Dépenses de halage sur les chemins de fer.

FRAIS D'ENTRETIEN DES MACHINES ET DES RAILS-ROUTES ET FRAIS DE
TRANSPORT.

Nous sommes bien aises, pour terminer notre étude sur l'industrie des chemins de fer, de donner quelques documents sur les dépenses de halage, documents que nous puisons dans le traité de M. de Pambour et que nous avons vu répétés dans la nouvelle édition de Wood (1).

Ces dépenses comprennent principalement l'entretien des machines locomotives, l'entretien des rails et la consommation du combustible.

Selon les expériences rapportées par M. de Pambour et faites sur le chemin de Liverpool à Manchester, les réparations des machines s'élèvent moyennement à $2^{cent.}$026 par tonneau de poids brut et par kilomètre sur niveau, la vitesse moyenne du halage étant de 27 kilomètres par heure; et sur le chemin de Darlington, destiné spécialement au transport des marchandises, c'est-à-dire au transport de fortes charges avec une faible vitesse, les réparations des machines s'élèvent à deux tiers de centime par tonneau brut et par kilomètre sur niveau. Cette dépense est, comme on le voit, beaucoup moindre sur cette route que sur la précédente.

Les frais d'entretien des rails sur le chemin de Liverpool, s'élèvent à $1^{cent.}$084 par tonneau brut et par kilomètre.

Sur le chemin de Darlington ces frais s'élèvent à $0^{cent.}$726 par tonneau brut et par kilomètre.

Les dépenses de combustible s'élèvent moyennement sur le chemin de Liverpool à $0^{kil.}$25 par kilomètre et par tonneau. Nous avons dit ci-dessus, que d'après les expériences réunies dans le tableau donné pag. 153, la consommation en combustible ne s'élevait qu'à $0^{k.}$147 par kilomètre sur niveau et par tonneau. On voit donc qu'en résumant les dépenses totales de combustible faites sur cette ligne dans un service continu, les pentes diverses augmentent de beaucoup ces dépenses. Mais comme M. de Pambour l'observe, « Cet accroissement tient non-seulement à la dépense « nécessaire faite chaque matin pour allumer le feu, mais encore à la « nécessité qu'il y a sur cette ligne d'entretenir pour le passage des

---

(1) *A Practical treatise on Rail-Roads* (3ᵉ édit.) par Nicolas Wood. (1838.)

« plans inclinés, des machines de renfort, dont le feu doit rester
« allumé tout le jour.

« Sur le chemin de Darlington les mêmes causes de pertes n'existent
« pas, du moins au même degré. La consommation de houille est de
« 0$^{kil.}$ 24 par tonne et par kilomètre sur niveau. C'est à peu près la même
« dépense que sur le railway de Liverpool, surtout en considérant qu'une
« tonne de houille de bonne qualité produit un peu plus de vaporisa-
« tion qu'un pareil poids de bon coke.

« Ce résultat pourra surprendre, car les chaudières des machines de
« Darlington sont généralement construites sur un principe moins éco-
« nomique, dans l'application de la chaleur, que celles de Liverpool.
« Mais en considérant le service sur cette ligne, on se rend facilement
« compte de cette circonstance. Sur le rail-way de Darlington, les ma-
« chines ne partent jamais qu'à pleine charge, c'est-à-dire qu'elles con-
« duisent, comme on vient de le dire, un poids moyen de 62^{k}7 par
« voyage, et cette circonstance est, on le sait, favorable à la dépense de
« combustible. Si ces machines ne tiraient qu'une charge moyenne de
« 32 tonnes, comme celles de Liverpool, leur consommation relative
« serait certainement plus considérable. Il faut encore ajouter que, sur
« le rail-way de Darlington, les machines n'éprouvent pas de délais
« entre leurs voyages, et que l'uniformité de charge et de vitesse permet
« de ne donner que juste la production de vapeur nécessaire à leur
« mouvement. Il en résulte qu'on ne voit jamais à la soupape ce souf-
« flement énorme qui enlève un quart de leur produit aux locomotives
« de Liverpool. »

En résumé, les frais totaux de transport sur le chemin de fer de Liverpool, par les machines locomotives, s'élèvent moyennement *à* 10$^{cent.}$ 81
par tonneau brut et par kilomètre sur niveau, à la vitesse de 27 *kilom.*
par heure.

Sur celui de Darlington les dépenses de halage sont moins élevées, ce
qui tient non seulement à la moindre vitesse et à la nature des marchandises transportées, mais encore à la différence considérable du prix du
combustible, cette compagnie brûlant de la houille dont le prix n'est que
6^{f}20^c par tonneau métrique, au lieu de 28^{f}80 que coûte le coke employé
par la compagnie de Liverpool.

Pour servir de complément à ces données, nous réunissons dans les tableaux suivants les résultats et les comptes rapportés dans l'ouvrage de M. de Pambour et répétés dans la dernière édition de Wood.

Etat du service des Machines locomotives sur le chemin de fer de Darlington,

du 1ᵉʳ juillet au 1ᵉʳ décembre 1833.

Numéro de la Machine.	NOM de la MACHINE.	Nombre total de kilom. parcourus par la machine.	Tonneaux bruts portés à 1 kilomèt. sur niveau par la machine.	Nombre de jours que la machine a été		Montant des réparations faites à la machine pendant ce temps.	Montant des réparations faites par tonneaux bruts à 1 kil.	OBSERVATIONS.
				en activité.	en réparation.			
		kilomètres.	tonneaux.	jours.	jours.	fr. c.	centimes	
1	Locomotion. . .	8,530	470,567	80	52	1,058 21	0,225	Chaudière à 3 tubes.
2	Hope.	4,989	265,249	63	69	1,443 68	0,544	— à simple tube.
3	Black Diamond .	1,609	86,757	27	105	353 44	0,407	— à simple tube.
4	Diligence. . . .	129	6,142	2	130	350 71	5,710	Machine démolie.
5	Royal George. . .	1,127	76,485	11	121	4,068 14	5,319	Chaudière à 2 tubes.
6	Experiment. . . .	7,081	394,600	70	62	1,337 49	0,339	— id.
7	Rocket.	6,341	352,929	64	68	1,437 79	0,407	— id.
8	Victory.	17,059	1,125,220	107	25	1,466 89	0,130	— id.
9	Globe.	5,021	227,793	60	72	913 16	0,401	Chaudière à 120 tubes.
10	Planet.	1,931	65,838	27	105	1,345 36	2,043	— à 88 tubes.
11	North-Star. . . .	3,862	153,229	55	77	814 01	0,531	— à 88 tubes.
13	Majestic.	4,635	291,408	47	85	3,305 07	1,134	— à 104 tubes.
14	Coronation. . . .	4,731	314,820	52	80	1,179 94	0,375	— à 104 tubes.
14	William IV. . . .	6,534	433,265	55	77	1,991 00	0,460	— à 104 tubes.
15	Northumbrian.	7,210	463,704	59	73	1,707 73	0,368	— à 104 tubes.
16	Director.	9,431	652,580	91	41	2,722 35	0,417	Chaudière à tubes (mod. de Napier).
17	Lord Brougham.	7,693	501,875	62	70	1,570 24	0,313	Chaudière à 104 tubes.
18	Shildon.	7,596	513,705	63	22	1,255 67	0,244	— à 3 tubes.
19	Darlington. . . .	9,946	644,906	88	44	1,134 99	0,176	— à 3 tubes.
20	Adélaïde.	5,954	407,321	71	61	2,283 31	0,561	— à 104 tubes.
21	Earl Grey. . . .	12,810	890,964	110	22	377 49	0,042	— à 3 tubes.
22	Lord Duhram. .	10,428	688,819	84	48	1,706 16	0,248	— a 104 tubes.
23	Wilberforce (1). .	6,759	456,128	55	9	1,308 18	0,287	— à 104 tubes.
	TOTAUX.	151,406	9,484,304	1403	1518	35,131 01	20,681	(2)

(1) La plupart de ces machines sortent des ateliers de M. T. Hackworth, de Shildon, près de Darlington.

(2) Le montant des réparations rapportées ici ne comprend que la main-d'œuvre, et non les matériaux employés aux réparations, ces matériaux ayant été achetés et emmagasinés en bloc.

Tableau général représentant l'état des Dépenses

faites sur le chemin de fer de Liverpool à Manchester pendant les années 1831, 1832, 1833 et 1834.

DÉPENSES.	2ᵉ Semestre 1831.	1ᵉʳ Semestre 1832.	2ᵉ Semestre 1832.	1ᵉʳ Semestre 1833.	2ᵉ Semestre 1833.	1ᵉʳ Semestre 1834.
	f. c.	f. c.	f. c.	f. c.	f. c.	f. c.
Bureau central de la Compagnie.	22,742 43	20,453 89	18,335 04	18,776 08	18,207 94	22,110 35
Houille,	1,531 92	666 54	684 19	3,045 24	2,068 01	1,135 62
Menues dépenses.	2,773 41	1,891 85	1,666 25	1,764 56	1,562 27	1,512 48
Camionage à Manchester ou Liverpool.	1,534 75	35,801 34	69,194 18	62,490 98	82,046 81	77,367 97
Entretien du chemin.	166,363 33	184,800 43	173,386 00	176,724 98	178,747 39	251,951 83
Frais de direction.	7,510 73	7,781 71	7,437 62	6,352 42	7,887 59	7,305 28
Bureaux pour l'inscription des voyageurs.	14,854 76	17,145 33	15,930 20	17,149 74	15,939 86	17,094 80
Machines locomotives.	307,620 23	266,771 50	318,792 58	370,956 82	352,039 83	394,300 84
Annonces diverses.	1,491 47	«	«	1,271 22	163 85	422 23
Intérêts d'emprunt.	69,003 44	150,409 71	114,842 10	135,306 15	129,577 10	139,808 62
Loyers divers.	22,693 82	46,385 01	31,415 47	15,169 76	15,213 86	9,165 52
Indemnités pour effets de voyageurs brisés ou perdus.	3,941 80	2,559 63	5,288 54	959 37	3,585 42	660 24
Ingénieurs résidants.	15,755 00	13,119 50	11,343 35	11,138 58	8,045 55	8,885 82
Dépenses pour transport de marchandises.	263,439 04	201,924 61	176,039 31	216,279 31	217,490 83	235,004 02
Impôts et taxes.	69,656 11	27,974 27	87,822 36	47,669 07	85,947 94	44,841 02
Machines à vapeur stationnaires.	6,786 73	26,513 99	21,498 97	21,669 84	32,967 65	24,867 90
Diligences (service des).	169,130 46	123,217 84	107,416 22	147,091 30	179,955 78	185,377 86
Wagons.	24,703 42	25,382·15	24,317 21	25,222 70	40,610 40	46,679 12
Indemnités pour marchandises avariées ou perdues.	19,823 78	7,272 82	3,806 31	26,062 87	5,635 14	16,266 72
Surveillants employés sur la ligne.	37,577 69	34,194 55	22,758 31	23,952 38	25,772 02	25,684 13
Contentieux.	2,482 77	«	2,979 17	a	2,029 12	2,520 80
Mauvaises créances.	4,428 42	9,938 99	2,049 41	4,459 93	9,440 51	1,906 04
	f. c.	f. c.	f. c.	f. c.	f. c.	f. c.
TOTAUX.	1,235,845 51	1,204,205 66	1,217,002 79	1,333,513 30	1,420,472 88	1,514,819 21

§ XXXII.

Grue d'alimentation. — Nouvelle distribution de vapeur.

SYSTÈME DE GRUE OU POTENCE MOBILE POUR SERVIR A ALIMENTER LES TENDERS.

FIG. 21, 22, 23 et 24 PL. 40.

Les grues ou potences mobiles sont des appareils placés sur divers points d'une ligne de chemin de fer, au moyen desquels on peut aisément remplir les tenders ou wagons d'approvisionnement pour servir à alimenter les machines locomotives. Le principal avantage de ces appareils est de pouvoir amener l'eau directement au-dessus du fourgon, quelle que soit la position de celui-ci sur le chemin, et quelle que soit aussi la distance du réservoir d'eau.

La grue que nous avons représentée en élévation sur la fig. 21 pl. 40 a été établie par MM. Stehelin et Huber, de Thann ; sa construction est très-simple et bien facile à comprendre. On voit en effet qu'elle se compose d'un tuyau vertical en fonte A, présentant la forme d'une colonne creuse dont la base est formée par une plaque ou croisillon à quatre branches B, encastrée de toute son épaisseur dans le massif en maçonnerie sur lequel tout l'appareil est fixé. Les branches de ce croisillon sont traversées par des boulons qui le tiennent avec le massif. Cette colonne A se prolonge au-dessous de la base pour s'assembler dans la partie coudée du tuyau C, qui communique directement au réservoir d'alimentation, lequel peut être situé à une distance plus ou moins éloignée de l'appareil. Il porte un fort robinet D que l'on peut manœuvrer à l'aide d'une longue clé à poignées, qui s'élève jusqu'au-dessus du sol, à la hauteur convenable pour se trouver à la portée des gardiens ou des ouvriers chargés de mettre de l'eau dans le tender.

Une espèce de potence en fonte E, dont la forme est semblable à celle d'une grue de peu d'amplitude, est destinée à supporter le tuyau en fonte et coudé I par lequel l'eau amenée à l'appareil se déverse directement dans le tender. Cette potence est mobile sur elle-même ; par sa partie inférieure elle tourne sur pivot, et par sa partie supérieure elle est embrassée par un collier qui la maintient contre le corps même de la colonne creuse *A*. Voyez la coupe horizontale faite suivant la ligne 1-2 fig. 22 , celle faite suivant la ligne 3-4 fig. 23 , et une troisième faite suivant la ligne 5-6 fig. 24.

Comme le tuyau *F* est mobile avec le bras de la grue qui le soutient, il doit être disposé pour s'assembler au tuyau *G* qui est fixe avec la grande colonne, de manière à ce que celui-ci ne le gêne pas dans son mouvement. C'est pourquoi l'on voit en coupe sur la fig. 21 que pour former la jonction des deux tuyaux on y a ajusté une bague en cuivre qui entre juste dans le premier *F*, auquel d'ailleurs il est attaché avec des boulons, et embrasse exactement la surface extérieure du second *G*. Par cette disposition l'assemblage est tel qu'il ne s'échappe aucune goutte d'eau à travers le joint pendant l'alimentation.

Le tuyau *G* est fondu avec l'espèce de cuvette *H*, qui par sa base repose sur le sommet de la colonne creuse *A* avec laquelle elle est boulonnée. Au fond de cette cuvette est placée une soupape en cuivre dont la tige verticale *a* s'élève au-dessus du couvercle de la cuvette pour s'attacher à un grand levier en fer, et qui a son point fixe sur une petite colonne *c*. Ce levier porte d'un bout une boule ou contrepoids *b*, et à l'autre extrémité une chaînette *e* terminée par une poignée. Le contrepoids maintient la soupape fermée, et la chaîne sert à soulever cette dernière pour laisser pénétrer dans la cuvette et par suite dans les tuyaux *G* et *F* toute l'eau qui arrive du réservoir supérieur par le tuyau *C*, lorsque le robinet *D* dont ce tuyau est muni est ouvert. Ainsi on voit par la construction de cet appareil que lors même que le robinet *D* serait ouvert, le tuyau *F* ne verserait pas d'eau si on n'avait le soin d'ouvrir la soupape renfermée dans la cuvette *H*, au moyen de la chaînette *e*.

Nous devons à l'obligeance accoutumée de MM. Stehelin et Huber d'avoir pu relever avec soin cet appareil que l'on a dû remarquer à l'exposition près de la belle locomotive que ces habiles constructeurs y avaient envoyée, et qui actuellement est en service sur le chemin de Saint-Germain.

Nouvelle distribution de vapeur appliquée aux machines locomotives, par MM. Sharp et Roberts.

Fig. 25, 26, 27 et 28. Pl. 40.

Ces constructeurs ont adopté dans leurs machines locomotives un système de distribution qui nous a paru présenter de l'intérêt, et former un complément utile à ce que nous avons vu sur ces machines que nous croyons avoir données d'une manière assez étendue pour ne pas devoir y revenir.

La fig. 25 de la pl. 40 représente une coupe verticale par l'axe de l'un des cylindres à vapeur, et de la boîte de distribution dont il est surmonté.

La fig. 26 représente une coupe transversale faite suivant la ligne 7-8 de la figure précédente.

Il est aisé de voir par ces figures que le cylindre à vapeur et la boîte de distribution de forme cylindrique sont fondus ensemble d'une même pièce. Celle-ci est surmontée d'une tubulure par laquelle elle est fixée au tuyau d'admission de vapeur, et l'une de ses extrémités s'assemble au tuyau de sortie, tandis que l'autre porte une boîte à étoupes pour le passage de la tige du tiroir.

Ce tiroir n'est pas, comme dans les autres machines, un disque plat parfaitement dressé sur une face, pour s'appuyer sur des surfaces dressées comme lui, et y glisser très-exactement sans perte de vapeur. Dans l'appareil de Sharp et Roberts, le tiroir n'est autre qu'un double tuyau ou cylindre creux AB, dont la surface extérieure est tournée et ajustée avec précision dans l'intérieur de la boîte de distribution, et peut glisser dans cette dernière comme un piston dans un cylindre à vapeur. Le tube extérieur A est percé, d'une part vers ses extrémités, de plusieurs trous rectangulaires a et a' distribués régulièrement et à égale distance (voy. le détail fig. 27 et 28), et d'une autre part vers son milieu, dans une certaine étendue, d'une grande quantité de trous circulaires c aussi régulièrement disposés. Le tube intérieur B, fondu en cuivre avec le premier, est ouvert aux deux extrémités; à l'une il débouche dans le tuyau de sortie, et à l'autre il porte un croisillon à deux branches également fondu avec lui et qui sert à fixer les deux tubes à la tige horizontale en fer d qui par l'intermédiaire du tirant e doit leur donner un mouvement rectiligne de va et vient. Les deux ouvertures b et b' pratiquées vers les extrémités du cylindre à vapeur peuvent être mises alternativement en communication avec les orifices a et a' du double tube AB. Ainsi dans la fig. 25, nous supposons les orifices b' mis en communication directe avec les ouvertures b', tandis que la communication est interrompue avec les ouvertures a et b; mais aussi cette dernière vient déboucher dans l'intérieur du tube B, et par conséquent dans le tuyau de sortie. On comprend déjà que la vapeur arrivant par le tuyau d'admission, pénètre immédiatement par les orifices circulaires du tuyau A dans l'intérieur de celui-ci, et peut aisément passer par les ouvertures rectangulaires a', et puisque celles-ci se trouvent en contact avec celles b' du cylindre d', il est évident que la vapeur peut se projeter dans ce dernier et pousser son piston de gauche à droite. La vapeur qui au contraire se trouve à la droite du piston, peut sortir par l'orifice a qui est en communication avec l'intérieur du tuyau B et qui par conséquent peut l'amener au dehors par le tuyau de sortie.

Cette disposition présente surtout cet avantage que l'ajustement des pièces est plus facile et moins dispendieux que celle adoptée dans les autres machines. Des surfaces tournées et alézées sur des tours, sont en effet plus précises, plus simples que des surfaces planes pour lesquelles on est obligé ou d'avoir recours à des machines spéciales, ou souvent à la main toujours incertaine d'un ouvrier.

Nous n'avons pas à parler du mouvement de la distribution, il nous a paru avoir beaucoup d'analogie avec celui que nous avons eu occasion d'expliquer dans la machine de Stephenson, et que nous avons donné comme étant du système le plus commode et le plus avantageux.

FIN.

TABLE DES MATIÈRES.

FIN DE LA TABLE.

ERRATA.

Pag. *44*, lig. *11*. *Au lieu de* : à chaque demi-tour de roue ; *lisez* : à chaque tour de roue.

— **44**, — **19.**   —   58mill.q.48 ; *lisez* . 58cent.q.48.

— **48**, — **24.**   —   50mill.   —   25mill.

— **49**, — **21.**   —   54m.5   —   27mill.

— **49**, — **7.**   —   54mill.   —   27mill.

— **Id.** — **15.**   —   4mill.   —   3mill.

— **Id.** — **17.**   —   46m.   —   22mill.

— **81**, — dre.   —   c ;   —   C.

— **95**, note.   —   39mill.   —   80mill.

— **105**, lig. 6   —   circulation ; —   articulation.

— **118**, —   —   R ;   —   K.

— **124**, au-dessous de : machine locomotive à quatre roues, construite par Edward Bury ; *ajoutez* : pl. **26**, **27**, **28** et **29**.